二魚文化

不接地氣

巴黎台北兩地飲食記

自序：管他冬夏與春秋

第一記 —————— 春風何處有

第二記 ———— 一覺揚州夢

第三記 —— 空留紙上聲

第四記 —— 花落知多少

自序：管他冬夏與春秋

這本集子是香港《明報》世紀版「味無味集」專欄文字之集結，依發表時序展開，就是春夏秋冬容易又一年了。這一年我身居台北，在香港發表文章，並且分外想念遠在天邊的巴黎。

想念巴黎什麼？很多。但離開許多年之後，我最想念居然是分明的四季，春夏秋冬，四季的日光月色、四季的顏色流轉、四季的風土山水、四季的食物產出、四季的服飾衣著、四季的櫥窗街景，四季不同的自然人文味道。巴黎當然是座人工城市，但它還是有山水的，蒙馬特是小山，蒙帕納斯是小丘，蒙帕納斯大樓在某個意義上也是高點；塞納河是自然流水，聖馬丁運河也是人工流水，盧森堡公園裡的噴水池則是造景蓄水；巴黎的四季山水，四季人文，四季氣味，令我魂牽夢縈。

台北呢？台北其實也有山有水，陽明山、觀音山，基隆河、淡水河，好山好水近在眼前。但很慚愧，在自己家鄉，反而蝸居魯宅，絕少出門，竟像《幽夢影》的感慨：「居城市中，當以畫幅為山水，以盆景當苑囿，以書籍當朋友。」

這樣的生活其實很不健康。畫中山水似真非真，山無春夏秋冬，水無枯汛變化，人在其中，靈性困頓難以伸張，久而久之，形神皆疲，幾乎是一種慢性摧殘了。

怎麼改善呢？我想到陶淵明名句：「問君何能爾？心遠地自偏。」不求甚解地引申，「心遠」就是「心的解放」，飄向遠方，神遊。即使神遊，也不能漫無方向無的放矢，我心中自有「遠地」，那是年輕留學、工作的啟蒙之地巴黎，海明威筆下「移動的饗宴」。海明威的名句值得一再複誦：If you are lucky enough to have lived in Paris as a young man, then wherever you go for the rest of your life, it stays with you, for Paris is a movable feast.（如果你年輕的時候夠幸運能在巴黎住上一段時間，那麼在你剩下的人生裡無論到何處，它都會陪伴你，因為巴黎是一席移動的饗宴。）

移動饗宴以「味」為核心，化諸專欄文字，卻是「過去之我」與「現在之我」的神遊交錯與虛擬對話。在台北、巴黎，還有香港，這三座城市之間穿梭擺盪，像是一顆不生苔的滾石；或者飄泊，閃爍吉光片羽。

我的心總是在旅行、飄泊，如同所選擇的書名：不接地氣。

●

為什麼說「不接地氣」？

這本集子收錄〈不接地氣新沙士〉一文，曾引用美籍華裔作家哈金〈不接地氣的人〉詩句：

「我還歌頌那些不接地氣的人

他們生來就要遠行

去別處尋找家園

他們靠星斗來確定方向

他們的根扎在想像的天邊」

哈金詩句已揭我意。但仍想多解釋一點：

「地氣」一詞在中華文化裡存在已久，原本有天氣、地氣陰陽相應之說，譬如《爾雅・釋天》：「天氣下，地不應曰雺；地氣發，天不應曰霧。」事實上，「雺」與「霧」講的是同一種物理現象，蒸發水氣也。因為天地不能配合相應，所以成為相對於「風」與「水」的另一種混亂狀態「霧」，故而《爾雅》總結說：「霧謂之晦」，若是天地相應穩定了，則凝結成「雨」。《大戴禮記》明白定義：「偏則風，俱則雷，交則電，亂則霧，和則雨。」

也許因為天遠地近，漸漸我們的傳統文化只講「地氣」而毋論「天氣」，甚至反射性地討厭「風」，喜歡「氣」，於是風水發展出「藏風聚氣」、中醫「祛風益氣」原則，日趨保守，以腳踏實地接地氣為優先價值，竟不再鼓勵人們想像乘風而行、「摶扶搖而直上」勇敢冒險的美好，總讓我覺得失落。

書寫文章，「上窮碧落下黃泉，動手動腳找東西」過程中，一再印證飲食史最劇烈的轉變之一係十五世紀到十七世紀的「大發現時代」（Age of Discovery）。不完全是香料貿易，也不完全是「哥倫布大交換」

（Columbian Exchange、Grand Exchange）農作物革命性交流。我們甚至可以這麼說，十六世紀後期起，以英國為首的歐洲國家之所以能取得全球霸權，與其僅歸功工業革命，毋寧更是因為取得新大陸，前進亞洲，控制了世界經濟的流動使然。

他們遠行，不接地氣，「去別處尋找家園，他們靠星斗來確定方向，他們的根扎在想像的天邊」，硬把一條路走到底，「航向拜占庭」（Sailing to Byzantium, 1928，愛爾蘭大詩人葉慈的詩作），即使「他們並不清楚，自己的足跡，將改變誰的地圖」？

我倒未妄想改變誰的地圖，但至少可以改變自己思索專欄文字的方式，試著不接地氣地寫作。

●

說不定不接地氣竟是我的特色？

一件當年趣事：剛從法國返台定居工作，有一次收到行政院經濟建設委員會的公文，邀請參加一場閉門座談，主題談「瘦肉精」，就是用以促使家畜增長瘦肉的「乙型交感神經受體致效劑」（英文 Beta-adrenergic agonis，法文則作 Bêta-agonistes 或 Bêta-adrénergiques）。收到邀請函時頗有點哭笑不得，我是留法的鐵道工程師，居然受邀談這個？無論從醫學、食安、貿易、法律哪個視角都沾不上邊吧？真是張飛打岳飛！

但因為覺得有趣，我居然確認出席。座談會是在下午，自己心虛，從上午開始抱佛腳查資料，用法文查。結果順藤摸瓜，越查越深入、越有趣，越有心得，漸漸一點一滴在自己眼前展開一片嶄新世界。

那天下午雜坐在一堆專家之中，我的發言是：其實歐盟國家，或者只說法國，禁用瘦肉精並禁止含瘦肉精產品進口的原因，很關鍵的不只我們以為的醫學、食安，而係「動物保護」。

法國人認為，有病，就該吃藥治療；沒病，就不該吃藥。很簡單。人類如此，動物也如此。所以不應該強迫家畜因為人類對於肉品的肥瘦偏好而吃藥。尤其這種藥的副作用很強，瘦肉精會讓牛隻的肌肉無力，有時因此無法正常活動，嚴重的甚至無法支撐自己的身軀，站不起來；也可能造成心臟病變，容易受到驚嚇，重度心悸，許多牛隻在運送過程中竟因此「嚇死了」。

動物也有動物權，即使家畜註定是人類蛋白質的重要來源，請循其本，有病，就該吃藥；沒病，就不該吃藥；不能因為肉品口感的需求而讓動物吃藥受苦。這是法國人的價值，貿易或法律，醫學、食安或其他，其實離不開價值。我們至少可以理解別人的價值，這些價值幫助我們思索一些慣性上我們不會思索的問題。

現在回想起來，我在那場座談會中應該有些貢獻吧？貢獻的基礎在於另一種語言，一種新語言帶來一片新視野與一個新方向，八股一點地說，就是一扇開往新世界之窗的鑰匙，讓人能離地神遊，隨風飛了起來。至少對我而言真是這樣。

不接地氣竟是我這個人的特色之一。

●

「味無味集」專欄寫了許多年，我人在台北，以中文寫作四季味道，在香港發表，「舉目見日，不見長安」，神遊，心在遙遠的巴黎。這些文字，其實是「過去之我」與「現在之我」的動態對話，並希望能夠說服讀者這世界上其實存有一種不接地氣的美好。

我想像，是顧城的詩吧？

「我帶心去了

我想，到空曠的海上

只要說：愛你

魚群就會跟著我

游向陸地。」

又或者氣魄更大一點，大聲朗誦羅智成的〈風象〉：

「『釋放土壤，』我說

釋放街道，那些井然於建築物的磚石……

『釋放故鄉』

『釋放被土壤悶壞的根和種子』

『釋放童年和籍貫，釋放地球。』」

然後在書房裡繼續飄泊、寫作，

「躲進小樓成一統，

管他冬夏與春秋」。

第一記 —— 春風何處有？

《題自畫》　夏目漱石

唐詩讀罷倚欄杆，
午院沈沈綠意寒。
借問春風何處有，
石前幽竹石間蘭。

綠酒一杯歌一遍

美國 Pantone（彩通）公司係專門研發色彩並全球提供配色服務之跨國企業，以建立「彩通配色系統®」（PANTONE MATCHING SYSTEM®，簡稱 PMS）而在此領域樹立權威，依慣例宣布了 2017 年代表色：草木綠（Greenery，色票號碼 15-0343）。

為什麼選「草木綠」當作年度代表色呢？ Pantone 常務理事莉翠思・艾斯曼（Leatrice Eisenman）向媒體表示：「這是一個充滿著希望，並與大自然重新連結的象徵，也有『振興』、『再生』、『恢復』等之寓意存在，就如同每到春天時，萬物便會展開全新開始。」

那麼與草木綠代表色相呼應的，不就是「綠酒」嗎？

有人反射性地問：葡萄酒只有紅酒、粉紅酒、白酒，哪來的綠酒？

其實葡萄酒世界光譜繽紛，不但有綠酒，還有黃酒、橘酒等等，只是這些另類顏色之酒常被摒於主流之外，即台灣葡萄酒作家林裕森所謂「不標準的滋味」，一般人「看」不到而已。

黃酒，法文作 Vin jaune，是法國面積最小的東部葡萄酒產區侏儸（Jura）以特有薩瓦涅（Savagnin）葡萄品種，六年以上不封蓋桶中陳年的獨特葡萄酒。而橘酒 Vin orange，是模仿葡萄酒起源地中亞高加索山區古法，將採收葡萄整串放入巨型陶罐，以蜂蠟封罐後任其自行浸皮發酵而成的樸拙之酒。這兩種葡萄酒都常因為過度氧化而呈現粗獷，甚至粗礪，讓人不習慣，以致於更顯得非主流。

綠酒則是葡萄牙北部米尼奧（Minho）產區之特有酒款，葡文作 Vinho verde，此酒清淡而酸度高，酒精度略低，帶有輕微氣泡，雖然亦有紅酒、粉紅酒、白酒生產，但常都略帶一點綠色反光。但之所以得「綠」酒之名，倒不是因為綠色反光，而是因為年輕，因為清新——葡萄牙綠酒就像是西班牙的 Joven 或法國 Beaujolais Nouveau，葡萄收穫之後儘快釀成酒，僅有短暫的靜置穩定過程，幾乎沒有什麼釀酒師可以玩弄技巧的空間；未經過陳年，尤其未經過橡木桶陳年的薰陶，用通俗一點的話說，就是沒有塗脂抹粉，沒有矯揉作態，僅止於素顏之美，是最自然的葡萄酒滋味。

二十一世紀的四分之一甲子，國際政治經濟的變動實在太劇烈了，黎巴嫩裔美國作家塔雷伯（Nassim Nicholas Taleb）筆下的《The Black Swan》（2007，台譯為《黑天鵝效應》，意即「最不可能發生但總是發生的事」）層出不窮，有限的人類知識與滿懷成見的專家一再跌破眼鏡，未知與不確定壓迫著世人幾乎喘不過氣來，因此那種清新單純、可以充分預期的愉悅反而讓人深心嚮往。倥傯之餘，某些基本需求自然浮現，啊，什麼都可以放下，我們只想輕輕鬆鬆地品嘗一杯簡簡單單的綠酒。

中華文化之中，「綠酒」也有「新酒」之意，晚唐五代馮延巳（903-960）寫有名詞《長命女》：

「春日宴，綠酒一杯歌一遍，再拜陳三願：

一願郎君千歲，二願妾身常健，

三願如同樑上燕，歲歲長相見。」

新年伊始，且以草木綠酒祝福讀者：千歲，常健，永安康，長相見。

紅酒煲雞公

丁酉年生肖屬雞，天干丁火剋制地支酉金，係金火相鬥爭戰之年，顯然這雞，不但是頭鬥雞，顯然還是頭睥睨昂藏的威武公雞。

有趣的是，一般談禽畜肉類食材，也許講究肉質嫩老、年歲幼長，卻甚少刻意區分性別，公雞卻是項例外。

像是傳統中醫就認為，雞肉雖具有補中益氣、益五臟、補虛損的功效，但在效用上確有雌雄之別：公雞肉屬陽，溫補作用較強，有益陽虛氣弱；母雞肉屬陰，則適合陰血貧虛者食用。因此在食療菜單裡，「杜仲燉公雞」之類菜式常被認為有補肝腎、強筋骨之效果。

不過公雞也是傳統醫學裡重要「發物」，「主動而性升浮，食之易動風昇陽」，容易觸發肝陽頭痛、肝風腦暈宿疾，或誘發瘡瘍腫毒熱病，入菜也非毫無禁忌。

而從形象上來看，公雞的確雄壯陽剛，中國民俗認為公雞打鳴司晨，乃所有動物之中最先接觸陽光者，因此陽氣最重；而公雞血赤紅，紅色屬火，因此所蘊含的陽氣尤為重中之重。

葡萄牙就有一道名菜叫「公雞燉飯」（Arroz de Cabidela），是以公雞血佐以香料與波特葡萄酒為底，燉煮公雞肉與米飯，血氣腥味濃郁厚重，極有特色，不過未必每個人都能欣賞這種特色。

法國人可能是最愛公雞的民族，「高盧公雞」（Coq gaulois）係法國之國家象徵。甚至尋本溯源，拉丁文 Gallus 同時具有兩個含意，一是法國古名「高盧」，另一則就是公雞。法國的「紅酒煲公雞」（Coq au vin）也因此被視為國菜之一。法國作家塞斯布宏（Gilbert Cesbron, 1913-1979）甚至留下名言：「法國之國徽，舊日曾是公雞；現在則是紅酒煲公雞。」

「紅酒煲公雞」採用的通常是法國中部布根地產區的黑皮諾（Pinot noir）紅葡萄酒，將公雞肉切塊搭配豬醃肉、洋菇、洋蔥、大蒜與其他辛香料長時間燉煮而成。有些地區會採用不同款葡萄酒，往往就會改變名字，例如採用顏色偏紫的薄酒萊 Beaujolais 紅葡萄酒，就叫作「紫紅酒煲公雞」（Coq au pourpre）；採用法國東部侏儸（Jura）產區以特有薩瓦涅（Savagnin）葡萄品種所釀獨一無二濃郁黃葡萄酒，則為「黃酒煲公雞」（Coq au vin jaune）；在香檳區，則有奢華型的「香檳酒煲公雞」；另外還有普羅版「啤酒煲公雞」等等。

不過一般認為公雞的腥味比母雞強烈，肉質纖維比母雞肉堅韌，選以單寧高、味道濃的紅葡萄酒燉煮為宜，並且在顏色上也更接近以公雞血煮公雞肉強強對撞之原始形象。至於母雞，傳統上則以白葡萄酒來料理，「白葡萄酒燴雞」（Poul au vin blanc）也是道在阿爾薩斯地區有悠久歷史的法國菜。

公雞台語作「雞公」，台諺「草蜢撩雞公」，形容弱者挑戰強者，自尋死路；「押雞公孵卵」，要求公雞孵蛋，強人所難。那麼「紅酒煲雞公」，既是應景喜氣料理，而酒從水、煲帶湯，還有澆熄金火、弭平干戈的吉兆呢。

丁酉雞年葡萄酒

丁酉雞年，有什麼應景的推薦葡萄酒呢？

首先聯想的是公雞的色彩與氣勢，也因此憶起知名明代畫家與文學家唐寅（1470-1524）一首生動詩作《畫雞》：

「頭上紅冠不用裁，

滿身雪白走將來；

平生不敢輕言語，

一叫千門萬戶開。」

這首七言絕句一氣呵成，大開大闔，卻又藝術手法老道，豪放之中仍見轉折。先是大白和大紅的色彩強烈對比；後是氣勢上的收放舖陳。就感情意境而言，短短四句分別是「放、再放、收、再放」，藉由第三句的收斂，提高了最後一句的衝擊效果，確實詩中有畫，畫中有詩。

以這首詩迎新年，我所推薦的葡萄酒只見單純的紅與白，不見折衷之粉紅酒。

白葡萄酒首選是法國布根地名莊 Domaine Leflaive：白葡萄酒以夏

多內（Chardonnay）品種為國際主流，夏多內白酒之經典出自布根地，絕大多數愛酒人心目中的布根地白酒聖地是普里尼蒙哈榭（Puligny-Montrachet），而普里尼蒙哈榭公認最頂尖的莊園之一即為 Domaine Leflaive。由於酒標上的家族徽章有兩頭公雞，Domaine Leflaive 因此被暱稱為「公雞酒莊」，雞年品嘗來自公雞酒莊的頂級白葡萄，名副其實，好上加好。

西班牙最著名的葡萄酒產區里奧哈（Rioja）以高品質紅酒聞名於世，但也少量出色白酒，以公雞為酒標的 Que Bonito Cacareaba 係以維尤拉（Viura）、瑪爾維薩（Malvasia）、白格納希（Garnacha Blanc）等葡萄混釀，酒體厚重，橡木桶味道也頗突出，酒精度高達 15%，但因為充分平衡，不但不致流俗，反而有一種西班牙貴族式的高格調。此酒最適合搭配葷素琳瑯口味多元的一桌年菜。

紅酒呢？葡萄牙的「巴賽羅公雞」（Galo de Barcelos）吉祥物頗負盛名，而由歷史悠久的葡萄牙酒商 Casa Santos Lima 所生產、以巴賽羅公雞造型為酒標之「金公雞」（Galodoiro）紅酒，是物超所值高貴不貴的平價酒，擁有一切葡萄牙好的特質，渾厚、均衡、綿長，金雞標誌尤為討喜。

另外，位於西班牙與法國接壤的西班牙葡萄酒新潮流發源地普歐拉特（Piorat）產區，Maz Doix 酒莊所生產的入門款雞冠牌紅酒 Les crestes 出人意料地精采，在傳統成熟水果與地中海香草之外，帶有足夠的酸度與獨特的礦石香氣。台灣葡萄酒作家林裕森曾借 IBM 傳奇執行長路易斯・郭士納（Louis Gerstner）暢銷書《Who Says Elephants

Can't Dance？》（2003，台灣中譯《誰說大象不會跳舞？》）名句，盛讚此酒：「最難，也最少見的，也許是釀成高大壯碩卻又精緻輕巧，如大象翩然起舞般的紅酒。」既輕盈又厚重，甜美之餘還帶酸澀，有瞬間刺激感卻仍保留珍貴悠遠、久久未散的餘韻，一切無可調和的矛盾竟在葡萄酒中昇華，和平共處，有深度，有高度，這，似乎更超越了唐伯虎《畫雞》層次。

那麼，請容許我再推薦法國音樂家聖桑（Charles Saint-Saens, 1835-1921）由十四首小品組成的室內樂組曲《動物狂歡節》（Le carnaval des animaux）吧：其中第二首〈公雞和母雞〉，第五首則是〈大象〉。春節欣賞「會跳舞的大象」雞標葡萄酒，聆聽《動物狂歡節》，細細品味，是最有文化的過年了

雄雞一杯天下白

最具有代表性的雞年葡萄酒，非義大利 Chianti Classico 莫屬。因為 Chianti Classico 掛保證的標誌是「黑公雞」（Gallo Nero），是托斯卡納葡萄酒最閃亮的一張名片。但並非所有 Chianti 葡萄酒都可以使用黑公雞標誌，亦不能任意冠上 Classico 名號。

其實黑公雞是整片 Chianti 地區之象徵。真正信史的起源已不可考，但有一個流傳甚廣之傳說：中世紀時期，西耶納（Siena）和翡冷翠（Firenze）兩大城之間並無明確界限，常因疆土糾紛而發生戰爭，眾皆深受其苦。為了阻止這場無止盡的爭鬥，兩城人民共識決定派出代表騎士來決定邊界，規則就是在公雞鳴叫時分，各自騎士從各自城市出發，放馬奔馳，以雙方相遇的地方為基線來劃分邊界。兩城各有迥然不同贏的策略，西耶納人選了一隻白公雞，給它吃最好的，養得肥肥；翡冷翠人反道而行選黑公雞，幾乎不讓它進食。

決定命運的一天到了。那隻餓極了的黑公雞天還沒亮就開始啼叫，於是翡冷翠騎士就早早起床出發了，逼近西耶納城外僅 12 公里處而與晚出發的該城騎士相遇。於是兩城的邊界就這麼劃定了，大部分的 Chianti 產區都屬於翡冷翠城，並一直不變到今天。雖然這故事僅止於稗官野史，但「黑公雞」的形象在當地確實深入人心，並且成為了古軍團 Chianti Military League 之象徵。

後來，畫家喬爾喬・瓦薩里（Giorgio Vasari, 1511-1574）將黑公雞傳奇栩栩如生地呈現在翡冷翠市政廳 Palazzo Vecchio 天花板壁畫上，地方葡萄酒聯盟 Chianti Classico Wine Consortium 將其選作 Chianti Classico 標誌。

很多人會 Chianti Classico 的 Classico 翻譯成「經典」或「古典」，但很容易因此造成誤會，因為這字指涉的並非葡萄酒釀造方法或風格，而是產區。

Chianti Classico DOCG 產區下轄 9 個次產區，葡萄園大都座落在海拔 250 至 500 米高程，在如此高海拔、氣候潮濕的地方，除了偶遇酷熱又乾燥的年份之外，多數時候最大的挑戰還是來自如何讓相對晚熟，顏色較淺，又有高酸度的山吉歐維榭（Sangiovese）葡萄，能夠既擁有足夠的成熟糖分，又具備完全成熟的單寧，因為，Chianti Classico 要求以至少 80% 的山吉歐維榭釀造，所以這個產區僅只生產紅葡萄酒。

產區管制管的還有許多，從葡萄園佈局、葡萄培育、修剪、採摘時間，到釀造、儲藏等過程，都必須依照傳統方法進行，保證不得改變 Chianti Classico 葡萄酒特徵。

什麼特徵？ DOCG 有明文規定：酒色清澈透明，呈寶石紅；散發著紫羅蘭和鳶尾花香以及典型的紅色水果果香；酒體平衡，有層次，單寧因陳年而柔化；干型（殘糖低於 4g/L）；最低酒精含量為 12%；最低酸度為 4.5g/L；……等等。

其實，各種有形與無形對於 Chianti Classico 的嚴格管制遠超過上述這些，其目的係為維護這款名字中帶有「經典」的義大利葡萄酒在世人心中的崇高地位，讓「黑公雞」酒標暢行全球，高唱入雲，成為品質象徵。

唐朝詩人李賀（790-816）曾有「我有迷魂招不得，雄雞一聲天下白」名句，雞年飲 Chianti Classico，東施效顰，不免俗地舉盞祝福：雄雞一杯，天下大白。

既被目為一條河

找尋雞年切題葡萄酒過程中，驚喜發現美國加州蒙特瑞郡（Monterey County）的 Hahn Winery 酒標赫然有一隻寫意公雞，原來 Hahn 德文意思正是公雞，這分明是座瑞士德語區移民所建立的酒莊。

隨著一筆一筆的資料浮現，我們慢慢拼湊一座新世界葡萄酒莊崛起過程，以及一位歐洲移民實現「美國夢」的傳奇：

Nicolaus Hahn 出生於瑞士，原為經濟學專業，曾經在巴黎、倫敦與紐約從事金融工作，1970 年代在蒙特瑞郡 Santa Lucia Highlands 購置大片土地展開畜牧業，當他瞭解大約 1790 年代西班牙傳教士曾在此種植葡萄釀酒，並盛譽係極佳葡萄酒風土之歷史後，開始開闢葡萄園。

Hahn Winery 第一批葡萄酒 1980 年上市，1988 年起他積極推動 Santa Lucia Highlands 成為美國葡萄酒產區（American Viticultural Area, AVA），並在克服一系列繁複法令障礙之後，1991 年獲得美國財政部酒菸稅務暨貿易局（The Alcohol and Tobacco Tax and Trade Bureau, TTB）認證，成功列入美國產區。

我向台灣進口商稱讚 Hahn Winery 公雞酒標丁酉年特別應景，在華人市場應該很好賣，回答的卻是一臉苦笑：雞年要十二年才有一輪，只靠生肖促銷，恐怕要餓肚子了；另外，葡萄酒全球市場競逐中，華人評價未必有決定性影響，反倒是華人選擇很容易受到其他更有影響力意見左右；最後，酒標固然有趣，本質仍最重要。

但酒標不容小覷。例如有外交官朋友曾透露，泰國王室宴會喜歡採用波爾多名莊 Cos d'Estournel，固然是在著名 1855 年分級中高列第二級，更因為酒標上酒莊建築呈東方寶塔狀，與泰國文化相互映輝。王室成員在非正式宴會時據說更愛 Cos d'Estournel 二軍酒 La Goulée，因為酒標印有一頭黑底金色的尊貴大象，而大象正是泰國王室象徵。據說，La Goulée 在「白象之國」的價格不菲，緊緊逼近一軍酒 Cos d'Estournel，顯然是個「文勝於質」經典案例。

不過，看得出來 Hahn Winery 在第二代 Philip 接手之後，格外突顯「美國酒」形象，二十一世紀所建立的高級新品牌如 SLH（即 Santa Lucia Highlands 縮寫）、Lucienne 或 Bin 36，都不使用公雞圖案，強調美國著名酒評家羅伯特・派克（Robert Parker）高於 90 的評分，而 Hahn 的德文姓氏不是字體縮小，就是直接消失——第二代不再是移民，是不折不扣的美國人了。

兩個世代從歐洲風格轉到美國形象，酒標上象徵德文姓氏的公雞漸漸淡出，這是一種選擇：後浪不斷推動前浪，既已成為一座葡萄酒莊，總得繼續力爭上游。

我想到台灣詩人瘂弦 1963 年客居香港時之詩作〈如歌的行板〉。這詩先以幽默的口吻遙想 the good old days：

「正正經經看一名女子走過之必要

君非海明威此一起碼認識之必要

歐戰、加農砲、天氣與紅十字會之必要

散步之必要

遛狗之必要……」

然後急轉直下返回現實：

「而既被目為一條河總得繼續流下去

世界老這樣總這樣：——

觀音在遠遠的山上

罌粟在罌粟的田裡」

春節品嘗雞標葡萄酒後，作為一條繼續流下去的河，我們準備「送窮，開工」囉。

宮廷菜式羊肚菌

年節總要吃點好東西，我想到法文 Morille，這字英文作 Morel，中文則為羊肚菌，又名草笠竹，是一種稀有食用菌菇。有趣的是，當我們提到它的時候，常常會強調 the true morels（真羊肚菌），有別於煮熟之前含有明顯毒性的 the false morels（假羊肚菌），不過只有好東西才須分辨真假，「魚目混珠」更顯珍珠之高貴價值。

此菌拉丁學名 Morchella，源自於古德文 Morchel，是菌菇類的泛稱；而法文 Morille 與英文 Morel 則都由拉丁文 Maurus 衍生而來，係褐色之意。羊肚菌屬於盤菌目（Pezizales），外觀與一般常見的傘菌目（Agaricales）菌菇迥然不同，沒有明顯的菌傘，上部表面呈褶皺網狀，既像橢圓蜂巢，也像有近似蜂巢表面的羊肚內裡，中文因而得名。

羊肚菌大規模人工種植的許多努力迄未獲致成功，主要來源依然是野生採擷。事實上羊肚菌被視為除同屬盤菌目、公認無與倫比的松露之外，全球另外四大知名野生菌菇之一。所謂四大名菌不可不知，係法國人最愛的羊肚菌，德國人最愛的雞油菌，義大利人最愛的牛肝菌，以及日本人認為菌類極品之松茸。

現代華人也許對羊肚菌有點陌生，但其實在清朝滿漢全席的「草八珍」，猴頭菇、銀耳、竹蓀、驢窩菌、花菇、黃花菜、雲香信之外，第八樣就是羊肚菌了。

雖然一般人認為只有鹿花菌、馬鞍菌、平盤菌等少數假羊肚菌有毒之外，真羊肚菌其實是無毒的，傳統中醫典甚至載明「羊肚菌性平，味甘寒，無毒。」但法國餐飲界普遍認為羊肚菌含有毒素，必須徹底煮熟才可食用，或者經過乾燥之後去除大部分毒性，再以溫水泡發後煮食，以避免危險。但即使這樣，羊肚菌依然被視為不可多得的美食，頗有點「拚死吃河豚」的氣魄。法國人處理羊肚菌多以奶油同煮做成醬汁，與肉類搭配，或作成濃湯，也常見與鵝肝、鴨肝搭配成為義大利餃的餡料，不過因為羊肚菌的稀有珍貴，凡是用上一點羊肚菌的料理，立刻身價不凡，可以一躍成為宮廷菜式。

不過中華宮廷菜式重要元素卻的確多為乾貨。父親好客，我小時候常躲在家宴角落偷聽大人聊天，記得曾有位據說與清朝皇室頗有淵源的客人解釋，宮廷廚師儘量少用時鮮，尤其避免四季分明的什麼「春芽、夏瓜、秋果、冬根」，因為要是皇帝喜歡了，心血來潮，冬天想吃瓜春天想吃果，一道聖旨下來，不就要人命了嗎？！

於是御廚們的策略即多用乾貨，漬物其次，求四季可得也。因此肉可醃製成肉脯火腿，更見甘鹹；海鮮則有乾鮑乾參，鹹魚蝦米，別有異香；春芽成筍乾，夏瓜漬物，秋果蜜餞，冬根菜脯，連鮮菌也硬是脫水成了乾菇。羊肚菌乾了再泡水而發，既解除了帶毒疑慮，更添所含核糖核酸催化而釋出之另類鮮味，也算失之東隅，收之桑榆。

乾羊肚菌過水入菜，體驗古代皇帝飲食的「失」與「收」，新年大發。

冬瓜作茶味淡馨

正月十五元宵過後，過年就算結束，一些春節特有的點心也從生活中淡出。2 月 14 日是 Valentine's Day 西洋情人節，慣例要送巧克力當禮物。但其實 chocolate 來自於中美洲，考據字源 xocolatl，古老「納瓦特爾語」（Nahuatl）語原係「苦水」之意，與主題大相逕庭！因此我倒想延續年節氣氛，推薦甜甜蜜蜜的冬瓜糖與冬瓜茶。

冬瓜拉丁學名 Benincasa pruriens，俗稱亦作「東瓜」，是一年生蔓性草本植物，原產中國南部與印度，現在東亞、南亞地區廣泛栽培，易種植，產量高，在台灣是稻米種植最重要的休耕輪作物，全年都有生產。

冬瓜產量很大，故而台灣民間很早就出現許多加工產品。雖然也有鹹食，譬如客家人稱為「冬瓜封」的醬醃冬瓜，不過仍以甜食為主，例如以冬瓜加糖熬煮製成的冬瓜糖、冬瓜茶，尤為過年必備甜點，有「好年冬」的寓意；另外，還有澎湖拿來當作中秋月餅的「冬瓜糕」。

其實傳統台灣鳳梨酥內餡主要為冬瓜醬，偶見摻入少量鳳梨餡調味，甚至有百分之百冬瓜餡的「鳳梨酥」。這是因為冬瓜纖維細緻，口感綿密溫柔，遠勝於纖維粗糙咬舌的鳳梨。但因為鳳梨，鳳梨，有鳳來儀，台語更有「旺來」口采，訂婚、結婚、喜慶民俗常以「龍鳳餅」並陳以求雙全圓滿，「龍餅」肉餡，「鳳餅」冬瓜餡，為討吉利，硬是指鹿為馬，把冬瓜說成鳳梨，久而成習，雖然心知肚明，但台灣就是不見冬瓜酥，只有鳳梨酥。

至於冬瓜煮成甜茶則更常見了，它與楊桃湯、青草茶和稱台灣三大古早普羅飲料，已有超過百年之歷史。

被譽為「台灣最後浪漫主義鋼琴詩人」的音樂家蕭泰然（1938-2015），1977 年赴美，1980 年因創作《出頭天進行曲》而被戒嚴時期的國民黨政府列入黑名單，直至 1995 年才解除，近二十年無法返台。他曾因思念家鄉味寫下《點心攤》民謠：「想著楊桃湯、冬瓜茶，心涼脾肚開；若是 Seven Up、Coca Cola，氣味天差地。」——對蕭泰然，或者許多台灣海外遊子而言，楊桃湯、冬瓜茶，就是家鄉。

出生廈門，活躍於台北大稻埕的台灣詩人林纘（1887-1956），字述三，號苓草，又號唐山客、蓬瀛一逸夫，於日治大正十一年（1922）創立詩社「天籟吟社」，這個古典詩詞寫作吟唱社團 95 年後今天依然活躍。林纘曾作一首描述冬瓜甜食之七言絕句，膾炙人口：

「大勝匏瓠味淡馨，

羹湯暑熱藥同靈；

洞房記取仙姬贈，

酥潤冰條試臘瓶。」

詩中前兩句稱讚冬瓜茶特色，以及消暑化痰、除煩止渴之食療；

後兩句指的是雪白如冰條、酥潤帶甘甜的冬瓜糖，係台灣習俗中女方母親為出嫁女兒所必備的嫁妝甜品之一，「食甜甜笑微微，食甜甜生後生」。

巧克力過於直接，缺乏東方文化含蓄纏綿之美，加一點我們的文化元素，情人節何妨共飲一杯淡甜馨蜜冬瓜茶。

文化西洋梨

帶兒子到台北福華飯店喝下午茶，走道旁的藝術品留他佇足：這是 1943 年生於上海，九歲移民香港，十八歲赴美研讀藝術，現居紐約的華裔美籍藝術家費明杰（Ming Fay）之銅雕作品《巴梨》（Barlett pear, 1987）。是什麼吸引他的目光？是主題？造型？紋理細節？還是「巴梨」、「巴黎」諧音引發聯想？或 Barlett pear 帶動的異國食物回憶？我問道。

兒子的回問卻更基本也更有趣：「把一顆上帝賜予、現實中存在的水果比例放大，再以另一種材質重新鑄造，僅僅這樣，就能算是藝術了嗎？」

這是一個重要提問。事實上，法國歷年高中會考哲學考試中，關於藝術與真實對立主題出現的頻率最高，例如「藝術引我們脫離真實嗎？」（L'art nous détourne-t-il de la réalité ?）、「藝術是逃避現實嗎？」（L'art est-il évasion de la réalité ?）、「藝術是模仿自然嗎？」（L'art est-il imitation de la nature ?）、「藝術是否必須再現現實？」（L'art doit il représenter la réalité ?）等等。

我帶兒子在咖啡廳坐下，嘗試解釋。

事情並非如他所說那麼簡單：觀察一顆選擇過了的西洋梨，經過計算，放大，做出黏土作品，翻成石膏模，再鑄成銅雕，經過檢視、修整，最後完成。這一連串手與腦與心的勞動與創造，當然可以稱為藝術。

「但，總有好藝術與壞藝術之分吧？」兒子似懂非懂地追問，藝術的確不容易瞭解。

說不定真有高下，不過既主觀又客觀，很難釐清。所以古老拉丁諺語說：「品味與顏色，勿與爭辯。」（De gustibus et coloribus non disputandum.）

「但是你也提到客觀，總有些標準吧？像是美，或是技巧什麼的？」

當然技巧有很大的影響，但我們談的是藝術，而非勞作，所以熟練絕非最關鍵之判準，另還有些更重要的東西。

譬如你看當代藝術家的一些佛像作品，技巧是極其高明的了，藝術訓練也是學院出身，造型、比例、刻劃都臻一流，創作的客觀條件超過古代工匠不知幾千里遠，但是古代佛像卻往往更加扣人心弦。顯然有些東西至為要緊，像是精神投入、心神沉浸，燃燒靈魂，或者更簡單一點地問：相不相信？有沒有信仰？

「信仰？」

我們點的紅酒燉啤梨上桌了，我請兒子一邊吃一邊閉起眼睛細細體會。如果你願意敞開心神，食物品嘗，除了撫慰我們感官，滋養我們肉體，還有形而上的精神交流——除了技巧與勞力之外，你能感受到甜點師傅的心意嗎？或者他的信仰？

「又是信仰？」

是的，法國已故總統密特朗（François Mitterrand, 1916-1996）很喜歡一個比喻，曾一再提及：

「一位異鄉人詢問工人：『你們在做什麼？』『我們在堆石頭。』

接著在稍遠處，他又問了另一位工人同樣問題，對方則回答：『我們在蓋一座大教堂。』」

這就是差異，文化行動所根植的信仰差異。材料一樣，堆石頭的終究堆出一堆石頭，蓋大教堂的卻有機會成就大教堂。欣賞巴梨銅雕，或是品味紅酒燉啤梨，應作如是觀。

二二八無花果

每年 2 月 28 日是台灣的「和平紀念日」，放假一天。2017 年二二八適逢七十週年，有些人上街頭吶喊拆除蔣介石銅像，有些人在報章撰文討論轉型正義，但大部分享受放假的人恐怕還真不知道該特別做些什麼？我的建議是：品嘗一盤新鮮現切的無花果吧。

無花果拉丁學名 Ficus carica，英文作 Common fig 或簡稱 Fig，法文 Figue，桑科榕屬、主要生長在溫帶地區，果實甜美可食。此果最特別之處，乃屬「隱頭果」（Syconium），花朵隱藏在果實之內，外觀見果卻不能見花，中文因之稱為「無花果」，又名映日果、優曇鉢、阿駔，其中「阿駔」之名見於唐代雜記《酉陽雜俎》，係由波斯語 anjir 音譯而來。

有一個據說從印度而來之諺語「在無花果樹尋覓花」，梵文作 A-pus pa-phala，用以形容一件毫無意義或不可能的事情，或是一件並不存在的事物。

這就像另一句法文俗語 Chercher midi à quatorze heures（在下午兩點找尋中午），把一件簡單的事徒勞地弄得複雜了，庸人自擾。

但真只是庸人自擾嗎？

建議在二二八品嘗無花果，是因為台灣作家吳濁流（1900-1976）

的名作《無花果》。

《無花果》係吳濁流第二本長篇小說。第一本《亞細亞的孤兒》（1945），以日文發表，描述當年台灣人既非日本人亦非中國人的尷尬身份認同。《無花果》接續《亞細亞的孤兒》，記敘戰後初期的作者經歷，完稿於1967年底，1968年曾分三期連載於《台灣文藝》雜誌。但因部分內文提及二二八事件，一般也認為是最早呈現二二八的文獻資料，致1970年首次出版單行本即被國民黨政府列為禁書查扣，只能在美國、日本和台灣地下悄悄流傳，直到1988年才終於正式在台公開發行。

吳濁流的核心譬喻並不隱晦：「無花果雖無悅目的花朵，卻能在人們不知不覺間，悄悄地結起果實。」

這個譬喻讓我們聯想德國哲學家康德（Immanuel Kant, 1724-104）膾炙人口的句子：「花朵是美麗的，而風暴是啟蒙的。」此一名言通用英譯文是 A pretty flower is beautiful, the movement of storm clouds is sublime. 其中sublime雖可中譯為「壯麗」、「崇高」，或「洗禮」、「昇華」，我卻偏好「啟蒙」。固然因為康德係啟蒙運動時期最後一位主要哲學家，更重要的是，日治也好，戰後戒嚴也好，吳濁流如椽大筆揭露了統治當局的醜陋瘡疤。就像西班牙畫家哥雅（Francisco Goya, 1746-1828）諷刺天主教偽善的畫作：聖袍之內，盡是瘡疤——而吳濁流的確曾有《瘡疤集》之作。

沒有美麗的花朵，卻有如風暴般揭露瘡疤的啟蒙果實，這應該是吳濁流託諸無花果譬喻的深刻願望吧？啟蒙之後，德國十八世紀開啟浪漫主義運動，以自省自擾自苦「風暴的危險」喚醒對於「園藝的愉悅」之沉溺，從而處理歷史，迎向進步。

且以無花果紀念二二八，並借用法國劇作家歐利維耶・畢（Olivier Py）散文集《Cultivez votre tempête》（2012）書名中譯作結，請，「耕耘您的風暴」。

五花肉幸福味

豬是中華料理最重要肉食來源，也是財富與幸福象徵，單是看「家」這個字寶蓋頭下一個「豕」，豬在傳統中華文化之地位不言可喻。而豬五花更堪稱中華料理最佳主角。

五花肉即豬肋排上腹肉，這個部位肥瘦間隔、紅白交加，肥肉帶來油潤口感，瘦肉久煮不柴，三層分明，又稱為「三層肉」，台語俗諺「食肉食三層，看戲看亂彈」，是庶民人生至高享受。韓國燒肉也喜歡用五花三層肉，欣賞之餘，竟以三三重疊呼應方式明訂每年 3 月 3 日為「五花肉節」！

台北最好吃五花肉之一，我認為是新生南路上好魚翅店的「五花肉炒青蒜」，近年來魚翅頗受抵制，炒豬肉反而名聲鵲起。

「五花肉炒青蒜」做法其實滿簡單，但也因此很經典：將五花肉先用滾水汆燙去腥，切成薄片用大火爆炒，一方面將油脂逼到表面，香味更為濃郁；一方面也藉此除掉多餘油脂去膩。瀝油之後加進青蒜、香菇、辣椒與醬汁再炒入味即成。說來容易，關鍵在於炒工火候與調味醬汁。

怎麼配酒呢？日本漫畫《神之雫》認為義大利東部馬凱（Marche）漸漸為世人熟知的 Montepulciano d'Abruzzo 土產葡萄酒，酸度低、質醇味厚、洋溢著木桶單寧也掩蓋不住之獨特礦物口感、甚至隱約有一絲醬油鹹甜，是搭配中華料理滷肉之最佳選擇。循著這個思路，我建議以馬凱省知名葡萄酒莊 Umani Ronchi 的三款紅葡萄酒來搭配。

第一款 San Lorenzo 是酒莊 1983 年推出的第一個酒款品牌，以從 Abruzzo 周遭收購的 Montepulciano 葡萄釀製。San Lorenzo 係西元三世紀天主教一位殉教聖人，義大利童叟皆知，是所謂的菜市場名——港台天主教舊譯這位聖人名字為「聖老楞佐」，更有土味。但是正因為土氣與樸拙，反而與五花炒肉合拍，彷彿毫不造作、自自然然地追求著沒有心理負擔的幸福。

Jorio 是 Umani Ronchi 酒莊 1993 年推出酒款，命名就有文化氣質多了，它來自於義大利作家加布里埃爾·鄧南遮（Gabrile d'Annunzio, 1863-1938）在 1904 年出版的偉大劇作《約里奧的女兒》（La figlia di Jorio），採用的是百分之百 Abruzzo 產區 Montepulciano 葡萄，而且酒成之後還經過 12 個月橡木桶陳年。Jorio 雖仍不脫土氣，但顯得更有教養，果香更明顯一點，尾韻更長一點，簡單的說，就是更高級一點。但「五花肉炒青蒜」當然值得這麼配，我們可是在「魚翅專賣店」欣賞五花肉呢。

還可以更高級一點，Umani Ronchi 在 1994 年推出的 Pelago（希臘文「大海」之意），是這家酒莊進軍國際市場的旗艦酒款。它以標準波爾多式配方釀成，並在 225 公升新橡木桶中陳年 14 個月，國際主義風格中依然保留幾分風土特色，可以說是葡萄酒全球在地化最佳案例之一。Pelago 曾被《葡萄酒愛好者》（Wine Enthusiat）雜誌評為 97

高分，精緻、複雜、濃郁、礦物口感強烈，非常高級。

選擇 San Lorenzo、Jorio，或是 Pelago ？不同葡萄酒將使五花肉的美好呈現出不同風味與質感，這就是幸福的滋味，能夠自由選擇、自由搭配的幸福新滋味。

還吃吻仔魚？

驚蟄節氣之後，萬物萌發，向有「魚兒動」、「魚有情」之說，台灣東北角魚場四季歌這麼唱：「一二三吻仔魚湯好曬乾，四五六小卷看作米苔目，七八九四破臭肉抓不完，十一二丁香鱙仔白帶魚。」此時正是吻仔魚盛產之際。

吻仔魚主要係由鯷科、鯡科、或蝦虎魚科等不同魚類之魚苗組成，也就是港人所謂的白飯魚與銀魚乾。吻仔魚是台灣很重要的庶民海鮮元素，大家耳熟能詳的傳統小吃，像是吻仔魚粥、吻仔魚炒飯、吻仔魚炒蛋、吻仔魚炒莧菜，乃至於簡單的蒜炒吻仔魚、醬漬吻仔魚，幾乎隨處可見。

不過有越來越多有識之士提醒，吻仔魚並非單一魚類，亦非僅數種小型魚類，很可能是十數種、數十種，甚至高達兩百種不同魚類之混獲。混獲率根據海域、季節不同，從 1% 以下到將近 20%，某些特殊條件下甚至超過 75%。一些大型魚類魚苗被過度撈捕，來不及長大；一些作為小魚與大魚餌食的魚苗被人吃光殆盡——事實上，吻仔魚英文作 Whitebait，即「白色魚食之意」——小魚、中魚、大魚恐也不易存活；長此以往，對於台灣近海漁業的衝擊就相當鉅大了。

數字會說話。台灣中央研究院生物多樣性中心 2015 年的研究報告指出，台灣北海岸魚種，近三十年來銳減了 75%，從 120 種急轉直下減至 30 種；而根據農業委員會漁業年報統計，過去十年，台灣沿岸近海水產收穫量下降了 23%；怵目驚心。

於是在繼拒吃魚翅運動之後，台灣拒吃吻仔魚之聲浪漸漸升溫，並且開始有名為「慢魚」（Slow Fish）的飲食社會運動在民間萌芽、茁壯。

「慢魚」2003 年始於義大利熱那亞（Genova），由 1986 年同樣創生於義大利的「慢食」（Slow Food）結合當地漁民組織所共同推動。慢魚從未企圖禁止捕魚，而是努力縮短消費者與漁民之間的距離，讓更多人知道魚是從哪來的？怎麼樣長大？如何被撈捕？漁夫什麼樣的人？漁業是什麼樣的產業？海洋的環境如何？以及，該如何品嘗海鮮？簡單地說，就是希望建立一種奠基於海洋文化之上的海鮮文化。

有趣的是，自己第一次在歐洲品嘗吻仔魚，居然就是 1990 年代初在熱那亞。當地稱吻仔魚 Gianchetti，燙熟放涼灑點橄欖油作前菜，拿來煎蛋，或是拌入義大利麵，都是熱那亞所屬 Ligurian 古老區域的傳統菜式。傳統一樣可以改變，隨著時代進步，慢魚也再不建議吃不合時宜、缺乏永續概念的 Gianchetti 了。

其實稍等一下就好了，東北角魚場四季歌中一二三月的吻仔魚，如果不以細目拖網濫捕，給它們機會長大，十一二月就可以長成「鐃仔魚」，或者別種大魚。慢，或等待，也是一種體驗。學習慢魚，學習等待，凡是美好的事物都需要等待，學習欣賞與珍惜海洋文化，這該是台灣海鮮文化轉型升級的機會。還吃吻仔魚嗎？我們其實有其他更好的選擇。

剪枝伐舊三月時

春分，「日暝對分」，不但草木萌生，白晝也漸漸變長，物與人都蓄勢待發，農忙開始。北半球溫帶法國的葡萄園也一樣，俗語說：「早剪枝，晚剪枝，都不如三月剪枝。」（Taille tot, taille tard, rien ne vaut la taille de Mars.）其實不只剪枝，葡萄園伐去老藤，種下新苗的工作，也都應在三月最佳時機完成。

葡萄園會主動砍伐老葡萄樹？很難令人相信。因為法文 Vieilles vignes，英文 Old vines，即所謂的「老藤」、「老樹」，常出現在酒標上，藉以強調釀酒葡萄出自高齡的葡萄樹。因為一般人相信，高齡葡萄樹如果受到良好的照顧，產量雖然偏低，但往往品質卻令人驚艷地好。很多農作物都有類似之傳說，譬如老茶樹、老橄欖樹或老欉果樹，雖然往往很難拿得出明確科學證據，但通常賣得好，價錢也自然標得更貴一點。

正常情況下葡萄樹可以生長超過一百年，幼苗種下第二年即可結果，許多果農認為初期的葡萄品質不好，通常在第三年才採收葡萄釀酒，有些堅持標準的莊園甚至只願意使用七年生以上葡萄樹的果實釀酒。而葡萄樹到了二十歲左右，已經長成木質化的樹幹，抗病能力較佳，果實濃郁飽滿，被視為葡萄樹的成熟高峰期。四十歲左右，產量開始出現下降，六十歲則降低得非常明顯，許多葡萄農就會將這些老樹刨伐，換種新苗，在開始新一輪葡萄樹人生。所以為維持穩定產量，避免大規模病蟲害感染風險，葡萄園會持續新陳代謝，最老的葡萄樹的樹齡多在六十年左右，所以一般而言，葡萄樹超過六十歲即可謂老矣。

法國波爾多某些精密計算成本效益的商業化葡萄園，甚至有葡萄樹在三十五歲即應更新之慣例。

不過這個世界依舊流傳許多關於老藤的迷人神話，就像老酒，或是愛爾蘭作家戈德史密斯（Oliver Goldsmith, 1728-1774）膾炙人口名言：I love everything that is old； old friends, old times, old manners, old books, old wines.（我愛所有的老東西：老朋友、老時光、老作風、老書、老酒。）

自己曾經拜訪過在著名「巴黎評判」（the Judgment of Paris 1976）中勇奪紅酒冠軍的美國加州「鹿躍酒莊」（Stag's Leap Wine Cellars），赫然發現一項罕被強調的事實：當年參賽的葡萄酒年分是1973，但鹿躍酒莊卻遲至1970年才成立，第一個生產年分係1972，波蘭裔莊主維納斯基（Warren Winiarski）親口承認參賽酒款的釀酒葡萄是從僅有三年樹齡之幼年葡萄樹上摘取的。有趣的是，維納斯基先生在面對我的驚訝時，還自信滿滿地引用林肯總統名言回應：The way for a young man to rise is to improve himself in every way he can, never suspecting that anybody wishes to hinder him.（一名年輕人想要崛起的方法是儘可能地改善自己，並絕不可以假設有人企圖阻礙自己。）

鹿躍酒莊成功真是一個奇蹟，一種新大陸式的傳奇，不迷信老藤之美國夢的夢想成真。

老自有好處，但年輕的確帶來新可能與新希望，世界變動不居，總盼美國夢還在。「白玉一杯酒，綠楊三月時；春風餘幾日，兩鬢各成絲。」東風一起，新舊自然交替，看得開一點，讓我們引用達賴喇嘛的智慧話語作結吧：Old friends pass away, new friends appear. It is just like the days. An old day passes, a new day arrives. The important thing is to make it meaningful: a meaningful friend - or a meaningful day.（老朋友會逝去，新朋友出現。就像歲月，舊日過去，新的一天到來。重要的是讓它有意義：一位有意義的朋友，或是有意義的一天。）

昔人已渺左公雞

頭頂「湘菜之神」桂冠的名廚彭長貴 2016 年 11 月 30 日台北去世，享壽 98 歲。他是台灣湘菜連鎖餐廳「彭園」的創辦人，曾經新創多道料理，譬如蜜汁火腿、富貴雙方、生菜蝦鬆、竹節鴿盅等等，但也因此招致並非正統湘菜之批評。彭長貴最為膾炙人口的名菜是左宗棠雞，這菜英文名字是 General Tso's Chicken，英國美食專家扶霞．鄧洛普（Fuchsia Dunlop）曾譽之為「全世界最知名的湖南菜」。

彭長貴一生充滿傳奇，但對圈外人而言名聲卻未必顯赫。他出身湖南沙坪貧農，13 歲逃家，因緣際會到了長沙坡子橫街「健樂園」餐館打工，受到當時老闆、1920 年代曾任國民政府行政院院長譚延闓家廚的曹藎臣賞識，收為入室弟子，據說盡得「譚廚菜」真傳，後來還追隨曹藎臣轉到湖南衡陽的「玉樓東」餐館任職。

1930 年代，日本入侵中國，彭長貴轉往國民政府臨時首都重慶以廚藝謀生，漸漸有了名氣。二戰結束後，他被任命為國民政府的國宴廚師長，1949 年跟隨國民黨來到了台灣，依然為國民政府服務。

而左宗棠雞發明的契機即在此。1952 年國共緊張對峙，當時海軍總司令梁序昭請彭長貴擔任來訪的美國太平洋第七艦隊司令亞瑟．雷德福（Arthur W. Radford）歡迎宴主廚，大宴連續三天，每天菜色不同。到了第三天，彭長貴腸枯思竭，逼不得已靈機一動，硬是發明了一道裹漿油炸後再以帶辣味之特調醬汁烹炒而成的雞塊，居然大受美國貴賓喜愛，被問起菜名，隨口以湖南名將左宗棠答之，「左宗棠雞」於焉問世。

依湘菜「酸、鹹、醬、辣」之傳統，左宗棠雞原本一點也不甜。但 1970 年代這道菜傳到紐約之後，不僅依美國人口味放糖改良，還加入綠花椰菜、嫩豆莢、玉米筍同炒，受到新世界洋人熱烈歡迎，於是廣為流傳，General Tso 之名不脛而走，儼然是西方人最熟悉的中國近代人物之一。美國導演伊恩・錢尼（Ian Cheney）甚至在 2014 年製作《尋找左將軍》（The Search for General Tso）紀錄片，為左宗棠雞尋根，才赫然發覺湖南本地根本沒有這道菜，「新湘菜」竟源起台北。

我想到英國學者霍布斯邦（Eric Hobsbawm）與多位歷史學者於 1983 年合力編著的經典史學鉅著《被發明的傳統》（The invention of tradition）：「被宣稱為古老的『傳統』，經常是在近代才出現，而且往往是被發明出來的。」不過，霍布斯邦強調，這個議題之所以值得探究，並非僅求能做出形式上「真傳統」或「假傳統」之價值判斷，而是為了更深刻理解工業革命之後民族國家興起的脈絡，以及人民對於國家象徵的期待。

左宗棠雞不折不扣就是所謂「被發明的傳統」。

彭長貴已逝，然而左宗棠雞這道「被發明的傳統菜式」卻留了下來，而且看來還很可能會流傳久遠。98 歲高齡，係屬「上壽」，擔得起「駕鶴西歸」之仙人美譽。不禁讓人想起西元八世紀唐朝詩人崔顥的千古絕唱：

「昔人已乘黃鶴去，

此地空餘黃鶴樓。

黃鶴一去不復返，

白雲千載空悠悠。」

以色悟如來

雖然葡萄酒在瓶子裡時，除了某些甜酒展露閃亮金黃色之外，「酒色」其實並不特別吸引人。尤其為避免光線照射造成酒質失控氧化，大部分紅葡萄酒都至於綠色或棕色的有色玻璃瓶裡，根本無法細緻分辨酒的顏色。但是一旦拔出瓶塞，倒進杯中，酒色卻又似乎左右了我們的好惡看法，雖然這些看法不一定正確。

譬如說許多人一看到紅葡萄酒的顏色深重，就會立刻聯想到濃稠、醇郁、丹寧強烈、尾韻綿長等等形容詞，在我們這個時代裡，這些形容詞幾乎與好酒劃上等號，而波爾多的高級紅酒，給人們的深刻印象就是有濃暗偏紫的「波爾多紅」（la couleur Bordeaux）。

但根據歷史研究指出，早期的紅葡萄酒只可能呈淡紅色，因為葡萄農通常直接在葡萄園裡完成採收、破皮、榨汁的手續，再將取得的葡萄汁運往作坊釀酒，既然缺了「浸皮發酵」關鍵過程，果皮色素無法大量析入酒中，當然成就不出濃墨重彩的深紅。這種紅葡萄酒被稱為「淡紅酒」（拉丁文作 le vinum clarum），就是後來法文的 le clairet，並長時間成為波爾多酒的代名詞。

正因為波爾多紅酒顏色原本並不深，因此波爾多許多與英國關係密切的酒農與酒商們非常敵視法國其他出產顏色更深葡萄酒的地區，特別是波爾多南部的 Gaillac 與 Cahors 產區，Gaillac 產區有一些古老的深色葡萄品種如「一眼看不到底」（當地方言為 len de l'el）與莫札克（Mauzac），可以釀出顏色深沉、丹寧厚實的紅酒；Cahors 產區則以獨特品種 Cot N 長時間浸皮釀出來的紅酒紅得發黑，素有「黑酒」（le vin noir）美譽。事實上十三世紀之前，在英國與歐洲其他地方，Gaillac 與 Cahors 深紅酒，都遠比波爾多的淡紅酒更受歡迎。

於是與英國關係密切的波爾多，仗著港口的地利之便，在 1241 年獲得英王亨利三世（Henri III Plantagenet, 1207-1272）的特許之後，在葡萄酒採收釀成到聖誕節結束前交易高峰期，嚴禁 Gaillac 與 Cahors 葡萄酒經由波爾多港出海。從此法國以外的愛酒人，特別是富裕的北方國家以及將法國葡萄酒運銷到世界各地的海洋貿易國英國與荷蘭，再也看不到深紅酒，而波爾多淡紅酒則成為法國葡萄酒的海外代言人。

明顯不公平的「波爾多特許」持續五個世紀，一直到 1776 年，才由路易十六的財政大臣杜爾哥男爵（Anne Robert Jacques Turgot, 1727-1781）才下令廢止，許多歷史學者都稱這是法國波爾多與西南地區的「葡萄酒顏色戰爭」。

風水輪流轉，現在波爾多也生產接近墨汁的深紅酒，而它的敵人，則轉變成像是「高溫差釀造法」（Thermo vinification）之類讓紅酒顏色更深的特殊製程，甚至名為 Mega Purple 的葡萄酒染色劑，葡萄酒的顏色戰爭總以這樣或那樣的形式，繼續延燒。

《金剛經》曰：「若以色見我，……不能見如來。」不過，要是藉由理解顏色戰爭的歷史，破除迷障，說不定可以對葡萄酒有更深一層的了悟。

如何點一瓶酒？

在高級餐廳如何點一瓶「好」葡萄酒？記得我很欣賞的英國酒評家潔西絲‧羅賓遜（Jancis Robinson）曾寫過一篇有趣文章：〈How to read a wine list ？〉（如何閱讀酒單？）發表在 2015 年 10 月 17、18 日週末版《金融時報》（Financial Times）。羅賓遜認為如果我們就只在酒單上找尋那些早已熟悉的名字，彷彿核對標準答案似的，其實非常可惜，因為我們視野並未因此擴大，我們的世界也沒有新東西進來。何況，她說，一款大家都不認識的葡萄酒能在高級餐廳酒單贏得一席之地，品質非得夠好。

這個論點我再同意不過了，甚至將羅賓遜剪報留存至今，捧讀再三。因為自己覺得葡萄酒就像藝術，某些敏感度也許與生俱來，不過品味仍需要學習，也就是所謂的 acquired taste。

學習就會有「學習曲線」。剛開始我們往往只是 outsider，依據學來的知識與別人設定的標準，找尋知名作品，膜拜被教育的、心中已預設或限定的美。但若想認清藝術家或釀酒師在創造過程中之靈光乍現，進入難以言喻的藝術世界，成為 insider，則必須學習「放下」成見去觀看，想像並神遊每件作品創造過程，直接體驗不同心跳，學習以不同節奏呼吸、吸收。只有當我們知道自己所感受的是不同生命脈動，才可以開始從琢磨、分析、比較中發現新意義。

知識與感官訓練當然重要，但若真要求「好」，更需「墮肢體，黜聰明，離形去知，同於大通」深一層「坐忘」工夫。講得通俗一點，就是金庸《倚天屠龍記》張三丰當敵教導張無忌新習太極劍的知名橋段：

「只聽張三丰問道：『孩兒，你看清楚了沒有？』張無忌道：『看清楚了。』張三丰道：『都記得了沒有？』張無忌道：『已忘記了一小半。』張三丰道：『好，那也難為了你。你自己去想想罷。』張無忌低頭默想。過了一會，張三丰問道：『現下怎樣了？』張無忌道：『已忘記了一大半。』……」

「張無忌在殿上緩緩踱了一個圈子，沉思半晌，又緩緩踱了半個圈子，抬起頭來，滿臉喜色，叫道：『這我可全忘了，忘得乾乾淨淨的了。』張三丰道：『不壞不壞！忘得真快，你這就請八臂神劍指教罷！』」

我們當然必須認真誦習，並以顏色，香氣、口感、餘韻、均衡感等座標建立一個可以跟別人溝通的葡萄酒體系，如同太極劍的招式。但如果拘泥於這個體系，跳不出去，則又落入坐井觀天的窘境。因此必須離開舒適圈，逼迫自己翻轉座標，重新思索原本體系的真正意義，並且向「八臂神劍」請教。一遍又一遍，直到能夠忘記招式，有觸能應，隨遇而感，可以在高級餐廳點一瓶「好」葡萄酒。

這應該就是羅賓遜文章的用意了。

不過人在網羅中，未必真自由。還記得 2015 年 10 月我看過酒評家羅賓遜這篇文章的星期六晚上，我在巴黎參加一位華人富豪的晚宴，主人請我點酒，從厚厚一本像百科全書的酒單裡我挑選了一個熟悉的名字與年分：Château Troplong-Mondot 2005。有賓客立刻以手機 App 查詢，羅伯特・帕克給分是 99，好酒！在座眾人熱烈鼓掌，顯然，我這個客人很識趣。

無處不社交的華人文化裡，如何「識趣地」點一瓶酒？也很重要。當時我回想到早晨在旅館咖啡廳裡剛讀到的羅賓遜文章，謙虛笑容中有點苦澀。

雖然不自由，雖然我們未必每次都有機會捧讀能開啟一個新境界的酒單，亦不可能每次都遇上能揭開知識迷霧的侍酒師，但偶爾若有機會敞開心胸思索 How to read a wine list ？也許可以換個視角面對人生。

什麼是好品味？

就像所有專業小圈圈一樣，葡萄酒小圈圈裡自有不為外人孰悉的術語，例如，當一個人對葡萄酒風味有足夠的敏感度時，我們會說“He has a good palate”，亞洲第一位葡萄酒大師（Master of Wine）韓裔美籍李志延（Jeannie Cho Lee）即曾於2009年出版深受西方世界重視的餐酒專書《Asian Palate》。

有人偷懶將palate譯成「味蕾」，但「味蕾」英文taste buds，palate準確中譯應為「顎」，又作「齶」，係人類和其他哺乳動物的口腔頂部，與上唇上排牙齒相連。唇齒向內延伸之硬組織是「硬顎」（hard palate），更向內、覆於其下並繼續往後延伸的則是「軟顎」（soft palate），硬顎與軟顎如水平隔板般將口腔和鼻腔區分開來。有論者認為，「顎」是高度進化動物的特徵，因為除了鱷目類之外，絕大多數四足類其他動物的口腔與鼻腔並非如人類一樣完全分開。

好吧，我們有「顎」，高度進化。然而生理學告訴我們，硬顎完全沒有與味覺或嗅覺相關細胞，軟顎上雖的確分布一些味蕾，卻無足輕重。味覺感知細胞主要是舌頭上的味蕾，嗅覺則集中在鼻腔黏膜上的受器，兩者被「顎」明確隔離在上下兩個不同空間裡。不過正因為如此，似乎拿a good palate來形容一個人對風味之敏銳感受，居然反倒有幾分道理。只單說好味覺，當然不完整；好嗅覺，同樣不夠；要是求全地說好嗅覺加上好味覺，卻顯得冗長。於是以介乎其間的 palate 形容「品味」，也算差強人意的表達方式了。

而什麼是「好品味」？美國葡萄酒作家麥特．克萊默（Matt Kramer）曾於《Wine Spectator》2012 年 4 月號發表一篇妙文，問道：Do You Have a Good Palate ？（您有好品味嗎？）

克萊默坦承，大部分人，尤其是葡萄酒小圈圈裡的所謂專業者，判斷別人是不是有 good palate，往往端視對方是否與自已有同樣的標準——如果你喜歡的葡萄酒跟我一樣，那你的品味就是好的。如此一來，與其說是品味，毋寧追求「共識」。

或像是漫畫中的神奇角色，能準確分辨葡萄酒香氣、味道細微之處，逐一與「香氣輪盤」（Aroma wheel）每一元素對照，小白花或紫羅蘭香，紅櫻桃或黑醋栗味；在矇瓶盲飲時，能精確分析出酒款的葡萄品種、混釀比例、產區、年分，甚至酒莊。

不過在當下人工智慧來勢洶洶的時代，分辨與分析這些資訊，機器人做得遠比人好多了，無關品味。

所以克萊默說，A genuine good palate has both the capacity and the experience to deliver good judgment. It's not enough merely to weigh a wine. Instead, the question is: What does it add up to ？（一個真正的好品味，同時包括足以支持好判斷的能力與經驗。這不僅止於評判葡萄酒的高下。問題反而是：好品味能帶來什麼？）所以關鍵在於，好品味除了機器人能夠做到的分辨、分析與整理、歸納之外，應該還能帶來

只有「人」才能貢獻的一些東西吧？

他認為「好品味」其實是 insightful palate（有洞察力的品味）。克萊默自問同時也詢問讀者：有多少次？您曾與一位具有洞察力品味的朋友一起欣賞葡萄酒，聽聞他的看法之後，回頭品嘗，居然能以一種嶄新方式面對同樣的酒？他自己曾有許多次這樣經驗。

這就是好品味？這就是好品味。並且我們也可以據以思索李志延所謂 Asian palate（亞洲品味）的深意。

第二記 —— 一覺揚州夢

《遣懷》　唐・杜牧

落魄江湖載酒行，
楚腰纖細掌中輕。
十年一覺揚州夢，
贏得青樓薄幸名。

潤餅有味是清歡

四月五日清明節，台灣習俗要吃潤餅。潤餅跟春捲極為相像，都是麵粉加水反覆攪和成柔韌溫麵團，然後在文火小平鍋上旋烙，拭成如薄紙之餅皮，裹以餡料而食。許多人將兩者混為一談，其實至少有兩處明顯差異：第一，潤餅是冷食，不像春捲常再以油煎或油炸方式加熱；第二是傳統潤餅中必有五辛蔬菜，春捲則百無禁忌，沒那麼講究。

源頭要從西元前八世紀春秋時期講起，據說當時即有以「五辛盤」祭祀春神之禮俗，五辛係蒜、蔥、薤、韭、興渠（即香菜芫荽），祭祀後食用，「辛先入肺，久而增氣」，故「開五臟、去伏氣」，迎接新的一年。但五辛味道刺激，單吃甚難入口，故逐漸發展以餅裹五辛，並加入其他可口材料衍為「春餅」傳統，即潤餅和春卷之前身。而自東晉開始中原數度戰亂，大量人口南徙避難，致今日閩台潤餅仍保有中華古代五辛春餅之俗。

暮春冷食則跟春秋時期的另一個故事有關了：

大約在西元前七世紀的亂世，晉公子重耳逃避迫害流亡國外，途中曾因飢餓倒下，隨臣介子推割下自身腿肉，烹煮肉湯供養，令重耳得以恢復精神，繼續向前，這是歷史上有名「割股奉君」典故。

後來重耳得獲秦穆公相助，返晉就任國君，即「春秋五霸」之一晉文公。但功臣介子推卻退隱綿山，「至死不復見」，後來晉文公賜封綿山，並賜號「介山」，此係正史的記載。

但民間另有傳說：晉文公上位，功臣介子推未得封賞，甚至避居山野，引發廣泛爭議。晉文公懊惱親赴綿山尋找，介子推避而不見。國君竟聽信讒言下令焚山，意在逼其出山，不料介子推抵命堅拒，隔天火熄後發現他燒死在一棵柳樹下，野史還說樹洞中留有血書：「割肉奉君盡丹心，但願主公常清明。……臣在九泉心無愧，勤政清明復清明。」晉文公悔恨不已，翌年親率眾臣登山祭奠，將發現介子推屍身之日訂為「清明節」，清明前一日全國不可舉火，當用冷食，是為「寒食節」。

歷史上多半認為介子推淡泊功名，亮節可風，宋真宗還曾下詔追封為「潔惠侯」。有人則嘆其愚忠，大詩人黃庭堅《清明》律詩寫道：「人乞祭餘驕妾婦，士甘焚死不公侯；賢愚千載知誰是？滿眼蓬蒿共一坵。」

有趣的是，因為介子推號「介山」，後世乃尊其為開山聖侯，或開山大帝、大伯公神明，台灣嘉義的「開山尊王廟」、雲林「開山宮」、彰化「武郡宮」、宜蘭「大安廟」等，都奉祀介子推為主神。而餡料多了本地油麵、花生粉、胡蘿蔔絲、海苔屑、乾蝦米，高級一點的還會放入切片烏魚子，台灣化了的潤餅因之有了特殊地位。

相對於清明寒食傳說，我更偏愛「介山」神話，捉住春天的尾巴，借蘇東坡詩句「蓼茸蒿筍試春盤，人間有味是清歡」，推薦應景台灣潤餅。

雨前香椿拌豆腐

清明慣例祭祖，我費了點功夫做了香椿拌豆腐紀念父親。汪曾祺曾盛讚香椿拌豆腐是各式拌豆腐之中的上上品：「嫩香椿頭，芽葉未舒，顏色紫赤，嗅之香氣撲鼻，入開水稍燙，梗葉轉為碧綠，撈出，揉以細鹽，候冷，切為碎末，與豆腐同拌，下香油數滴。一箸入口，三春不忘。」

尤其眼下時分，清明剛過，穀雨未至，「雨前香椿嫩如絲，雨後香椿如木質」，正是一年之內香椿芽品質最好的兩個星期。

香椿，拉丁學名 Toona sinensis，是一種原產於中國的楝科常綠喬木。成語「椿萱並茂」中的「椿」和「萱」分別指香椿與萱草，係父親和母親代稱，因為香椿長壽，萱草忘憂，借以形容父母俱都健在安康。《莊子 · 逍遙遊》:「上古有大椿者，以八千歲為春，八千歲為秋，此大年也。」香椿春秋一萬六千歲，再沒有更能活的了。

中華民俗有一個奇怪的邏輯，吃什麼補什麼，香椿長命一萬六，那麼吃了它少說也能活到九十九？香椿根、皮、葉、花、果既澀且苦，雖帶異香，亦有藥效，卻難以下嚥，倒是嫩芽尚可入口，因此發展成春天一道應景野菜。明代筆記《五雜組》說「燕齊人采椿芽食之以當蔬」，「燕」大約在現今河北，「齊」是山東，父親是山東人，這是他的家鄉味。

台灣原沒有香椿。據說日治時期台灣總督府的園藝技師曾引進研究，但大概壓根就沒有想到拿來吃。明確的成文記錄，是在 1974 到 1950 年，藥用植物學者甘偉松從中國大陸引入培育。二戰之後，國共曾激烈對立，台灣從 1949 年戒嚴到 1987 年解嚴，再無其他植物從大陸直接引進，香椿幾乎就是僅見孤例。而甘偉松教授引進，台灣林業試驗所培育的香椿樹苗，絕大多數都移植到各地隨國民黨退守台灣的外省眷村，因為外省移民的北方人愛吃香椿，一株、兩株台灣原沒有的香椿樹在眷村搖曳，形成獨特地景，竟似一種鄉愁投射。林語堂說的好：「愛國不就是對小時候吃過的好東西的一種眷戀？」

只是這款父親小時候吃過的好東西所投射之「愛國」不免尷尬：是「他鄉」台灣？是一心要捍衛的中華民國？還是敵對的家鄉中華人民共和國？

說實話，小時候看香椿入菜很不順眼：父親允為難得美食的香椿芽醬怪味逼人，挾葷辛撲鼻而來；再怎麼鮮嫩如絲，依然有明顯的植物纖維口感，粗糙扎舌；更討厭的是，眷村老伯伯們貪取嫩芽，常砍去枝枒，迫使斷口處多生芽眼，弄得好好一株香椿殘臂斷肢，難看得不得了——我對香椿芽春菜並無好感。

父親過世多年了，託朋友找來香椿嫩芽，依汪曾祺文章亦步亦趨做了香椿拌豆腐，嘗一口，獨特，深邃，有味，其實不像記憶中那麼討厭。是山東人鄭愁予的詩句吧？

「在明春雪溶後，香椿芽兒那麼地

會短暫地被喜愛。」

葡萄酒之獸香

這篇文章要從北宋風流詞人周邦彥（1056-1121）的艷詞〈少年遊〉談起：「并刀如水，吳鹽勝雪，纖指破新橙。錦幄初溫，獸香不斷，相對坐調笙。低聲問，向誰行宿？城上已三更。馬滑霜濃，不如休去，直是少人行。」

據說這是一場尷尬場景之後記。周邦彥夜訪名妓李師師，本欲留宿，不料宋徽宗突然微服偷情，周邦彥無處可逃，只好躲在床底下，悶頭聽了一夜私密對話……。詞文淺顯生動，用典並不艱深，「并刀」是并州生產的利刃，「吳鹽」是吳地曬製的白鹽，「新橙」則係南方新近進貢之甜橙；但，「獸香」是什麼呢？我請問從小手把手教我欣賞詩詞的父親。

父親也不知存什麼心思？居然告訴當時還是青春期中學生的兒子說：「『獸香』就是人因為熱度所蒸出的體味，有時候我們稱之為『騷』。」他竟還拉長語調加了兩句：「羊肉缺羶沒韻味，女人無騷不有趣。」我心底暗罵「老不修！」也就相信了。

多年之後我才知道，「獸香」又作「獸煙」，其實是獸型香爐所飄出之焚香，「獸」者，爐具之形也，與氣息無關。長期來一些對於人際互動的衍生遐想，原來只是誤會。

但是葡萄酒的動物性香氣絕非誤會或假想，卻再真實不過了。很多人會在陳年的波爾多紅酒或布根地紅酒中聞到若隱若現皮革氣味，品酒術語中，「弄濕了的貓」、「弄濕了的狗」毛皮異香——專家們堅持這兩者之間有微妙差異；或是「潮濕的穀倉」、「汗水浸透了的馬鞍」之類的怪異形容詞，並不罕見。當然，前述的獸香是正面的，另有些形容如「沼澤」、「腐肉」、「排泄物」，甚至「用過了的嬰兒尿片」，當然就是負面的了。

植物性的葡萄酒有著動物性的香氣，耐人尋味。科學已經證明，葡萄酒的「獸香」來自於中譯為「酒香酵母」的 Brettanomyces 菌種。如果在發酵過程中 Brettanomyces 發揮作用，誘發出一些化學物質，如 4-ethylphenol、4-ethylguaiacol，很容易與葡萄酒中其他複雜物質結合，產生異香、異味。

美國加州大學戴維斯分校教授琳達．畢森（Linda Bisson）甚至在 2014 年發表「酒香酵母香氣輪盤」（Brett Aroma Wheel），區分出 12 類 63 種酒香酵母香氣，其中動物性香氣就有 6 種。

葡萄酒獸香真只有 6 種？或周邦彥、李師師與宋徽宗共處的溫暖斗室，除了正經八百的虛偽薰香，難道沒有因為曖昧緊張微微出汗而流盪之更真實的「獸香」？現在的我，很懷疑。

蘇格蘭哲學家大衛．休謨（David Hume, 1711-1776）在《論品味之標準》（Of the Standard of Taste, 1757），曾引用西班牙經典小說《唐吉軻德》中之故事：兩位專家煞有其事品酒，一位嘗出皮革味，另一位卻認為有鐵鏽味，爭論不下，引發眾人嘲笑。最後將酒桶倒空，發現桶底一把鐵鑰匙，上頭拴著一根皮帶。

　　關於品味，關於葡萄酒，關於獸香或人生，我們永遠無法確定酒桶最底部，到底有沒有一把拴著皮帶的鐵鑰匙？

人間最美甘辛味

穀雨已過，立夏將臨，四時養生口訣這麼說：「春吃甘，脾平安；夏吃辛，養肺金。」春夏之交，飲食似乎應該甘中帶辛，故而連上了日本作家夏目漱石（1867-1916）的詩句：

「嘗遍人間甘辛味，

言外冷暖我自知。」

夏目漱石之「甘」、「辛」係為映襯對比，形容兩種截然不同的味道，就像是「甘」與「苦」。然而人生難免起伏，有時極端味道竟伴生而來，例如全真道士馬鈺（1123-1183）詠茶詩句：「苦中甘最奇」，抑或法國波爾多蘇甸（Sauternes）產區獨特的貴腐甘辛白葡萄酒。

波爾多蘇甸產區以口感濃郁複雜的頂級甜白葡萄酒聞名全球，這個產區最獨特的地方在於的堅持採用遲摘並感染了「貴腐黴菌」（Botrytis cinerea, 英文作 Noble rot）的葡萄釀酒。這種獨特霉菌附著在葡萄表面卻仍能保全葡萄皮，同時菌絲則會穿過表皮深入葡萄內部吸取水分，藉以成長；菌絲降低水分，相對提高糖度，並因複雜的生化作用增加特殊香味，並創造難以言喻的辛香風味。

然而要讓一大片葡萄園自然全面地感染某一種特殊黴菌談何容易，這是因為蘇甸產區位於來自蘭德低地（Landes）水溫較低的西隆河（Ciron）與源於庇里牛斯山脈水溫較高的加隆河（Garonne）交會口，水溫差距造成潮濕霧氣，因此貴腐菌活躍滋生。不過黴菌感染是一種無法控制的生物發展過程，大部分葡萄不是感染不全就是轉化成灰霉病，或葡萄因破皮導致醋酸菌入侵而惡化口感，甚至過熟腐敗，統統不宜釀酒，少數適合之葡萄則必須經人工採擷與分辨、挑揀，所以生產成本不斐。

蘇甸酒的「甘」，固然來自於葡萄原有的天然甜味，更因為感染黴菌，菌絲奪取葡萄水分，反過來提高了甜度，係一種經過淬鍊濃縮的甘；而它的「辛」，則是侵略葡萄之黴菌的外來味道，以及傷害與痛苦過程留下的痕跡——追溯漢字源流發展，「辛」在甲骨文時代即出現，是木柄裝上刺刀的組合刀具，四季為秋，五行屬金，有鋒利之意，轉借形容感覺：「味辛，辛痛即泣出。」描述品嘗辛味的經驗，傷害極致之處痛到眼淚都流了出來——蘇甸之「辛」，豈止得來不易？

值得一提的是，蘇甸酒另一特色，是除了以塞美濃（Sémillon）葡萄品種為主釀製高甜度的白葡萄酒，更為了增添酸度，兌入大約20% 白蘇維濃（Sauvignon Blanc）葡萄搭配，創造極具趣味性、更有深度與變化的複雜口感。

因此，此酒之辛，竟是一種不知從何說起的酸辛。字義迥然相反的「甘甜」與「酸辛」，居然出現在同一瓶、同一杯、乃至於同一口葡萄酒？令人不覺低吟台灣詩人夐虹的〈淚〉：

「那煙水雲霧的

山深處

愛和傷害

同一個泉脈」。

又或者，就像瑞士心理學家榮格（Carl Gustav Jung, 1875-1961）名言：「『快樂』這個字若不能與哀傷取得平衡，就會失去意義。」（The word“happiness”would lose its meaning if it were not balanced by sadness.）

豔說蓬萊醬

日照漸漸長，氣溫漸漸高，春天已近尾聲，立夏將至，台灣城市庭園與農村果園景象是大片芒果花開，零星青果初結。雖然「芒種夏至，檨仔落蒂」，距離芒果成熟豐收期大約還要再等一個月，但傳統市場青果醃製的情人果、蓬萊醬開始上市，已以一種隱而不顯的方式宣告夏天來臨。

芒果原產於印度，一般認為大約在荷據時期（1624-1662）由荷蘭人從爪哇引入台灣種植，俗稱「檨仔」。台北故宮博物院所藏史料記載，康熙五十八年（1719）四月二十九日福建巡撫呂猶龍曾將芒果當作珍品進貢康熙皇帝：

「為奏聞事，福建有番檨一種，產在台灣，每於四月中旬成熟。奴才於四月二十八日購到新鮮者，味甘微覺帶酸。其蜜浸與鹽浸，俱不及本來滋味，切條曬乾者，微存原味。奴才親加檢看，裝貯小瓶，敬呈御覽。但新鮮番檨，不比法製者可以耐久。奴才細教家人小心保護，將所到之數盡皆進獻，故於摺內未敢預填數目。……恭呈御覽。」

可惜的是，康熙皇帝卻在奏摺上批示：「知道了。番檨從來未見，故要看看。今已覽過，乃無用之物，再不必進。」

成熟芒果穿過台灣海峽黑水溝，遠路迢迢送到北京，應已過熟而腐壞衰敗；而芒果乾則像標本，徒留其形，卻失其味。芒果絕非「無用」，而是像所有活生生美好事物一樣，有「賞味期」，一旦錯過，不是誤會，就是遺憾。

為了延長青春，台灣很早就有將自然落果或人工疏果所得之青芒果鹽洗糖漬，切碎製成佐餐果醬的做法，並有一個風雅名字「蓬萊醬」。曾任嘉義縣學教諭的謝金鑾（1757-1820），就寫有「兒家一盅蓬萊醬，待與神仙下箸餐」詩句，康熙皇帝隨手批下「知道了」的同時，應該並不明瞭自己錯過了什麼？

再晚一點，光緒年間，福建巡撫王凱泰（1823-1875）駐台時，則曾作《臺灣雜詠》，寫到：

「高樹濃蔭盛暑天，出林檨子最新鮮；

島人豔說蓬萊醬，誰是蓬萊籍裡仙。」

取名「蓬萊」，係因明清文人喜借《山海經》「蓬萊山在海中」之典形容台灣之美。仙島上仙民所食之醬，自是珍饈美味。

而「豔說」之「豔」，當然是驚豔了。但我總不由自主地聯想到sexy，聯想到蔡瀾，他說：「在餐廳吃飯時，女服務生為我在小盤中倒醬油，我一定會向她說：『多倒一點兒，我吃得又鹹又濕。』對方一定笑了。」

不讓鹹濕蔡瀾專美，台灣詩人余光中也有如此情趣之句：

「撲鼻的體香多誘人啊

還有豔紅而豐隆的體態

豈是畏妻的禁令所能抵擋」

這是他 1989 年的〈芒果〉詩作：

「一刀偷偷地剖開

觸目的隱私赤裸得可怕

但一切已經太遲了

懷著外遇的心情，我一口

向最肥沃處咬下」

蓬萊醬，或熟得恰到好處的芒果，兩百九十八年前，康熙皇帝不明瞭他竟錯過了什麼？

爆破硝煙第一菜

第二次世界大戰歐戰勝利紀念日，英文作 Victory in Europe Day，簡稱 V-E Day，其實 5 月 8 日、9 日都對。為什麼這麼糊塗會有兩個日期呢？因為納粹德國在柏林所簽訂投降書係於歐洲中部時間 1945 年 5 月 9 日零時生效，這個時點對美國與西歐國家而言為 5 月 8 日，對俄羅斯與東歐國家則是 5 月 9 日。

對日戰爭勝利紀念日（Victory over Japan Day，簡稱 V-J Day）同樣也因為地區時差，美國是 8 月 14 日，日本「終戰日」、韓國「光復節」則為 8 月 15 日。

為了趣味應景，我帶家人到台北老餐廳吃飯，在 5 月 8 日這一天點了「鍋粑蝦仁」老菜。老店特色就是態度欠佳，服務生菜端上來了，瓷盆裡鋪墊著剛炸出來的鍋粑，然後一轉手把另一盆熱騰騰的番茄蝦仁連湯帶料澆上鍋粑，劈哩啪啦一陣爆響，聲勢驚人，大夥都嚇了一跳，服務生也不解釋，轉身就走，Cool ！

這便是聲色香味四美俱全的「天下第一菜」。

其實鍋粑燴菜在中華料理並非罕見，因地域與口味不同有所差異，但以無錫作法名氣最大。野史傳說清乾隆南巡微服私訪，途在無錫一小餐館用膳。但時已過午，飯菜多已售罄。大廚絞盡腦汁，就近採太湖活蝦為料，以大鍋飯剩下的鍋粑沸油炸酥，料汁澆上鍋粑，別開生面做成鍋粑蝦仁上桌。皇帝驚之喜之，賜名「天下第一菜」。

民國初年，無錫「大新樓」名廚劉俊英引進西式番茄醬調製，加入雞絲，成為「茄汁雞蝦鍋粑」，廣受歡迎，從此確定菜譜，成為淮揚菜系代表名菜之一。對日抗戰前夕，1937 年元旦，江蘇省主席陳果夫（1892-1951）宴席中出現此菜，借題發揮，讚曰：「雞有勇氣，善於抵抗仇敵，且有合群美德；蝦能屈能伸，知道進退行藏；鍋巴是堅硬的；番茄富有刺激性」，以鼓舞人心。這位國民黨大老還因此題了一首打油詩：

「定名天下第一菜，色聲香味皆齊備；宴客原非專惠口，自應兼娛眼鼻耳；此菜滋補價不貴，可代燕窩或魚翅；蕃茄鍋粑雞與蝦，不獨味甘更健胃；燥與濕兮動與植，中外水陸品類萃；勇能赴敵屈能伸，因物尤可激志氣；我今鄭重作宣傳，每飯不忌便同嗜。」

不過原來這道菜俗名不外「響鈴鍋粑」、「劈哩啪啦」、「一聲驚雷」之類，流傳到二戰時期的中國陪都重慶，卻一躍成為抗日名菜。

1941 年，在日軍對重慶一次空襲轟炸中，名廚黃敬臨波及受傷，最後竟不幸病逝。黃敬臨弟子川菜大師羅國榮為表達憤怒、追悼與反擊之意，將第一菜之中「茄汁雞蝦」改為燴芡海參，海參造型顏色都似炸彈，命名為「轟炸東京」。可以想像當年點這道菜的中國軍民，一邊咬牙切齒地吃飯，一邊不免同仇敵愾破口大罵吧？

雖然仍遺留有南北韓對峙等難題，第二次世界大戰毫無疑問過去

真鯛與鮪腹

五月之初立夏之前，有機會在京都一饗友人特別安排Kyoutotsuruya（岡崎つるや）經典懷石料理。這家創立於1908年的傳統餐廳曾接待過許多貴賓，信手拈來，1974年首度以現任身分訪問日本的美國總統Gerald Ford、1975年英國女王Elizabeth II、1978年中國國家副主席鄧小平、1982年法國總統François Mitterrand、1992年韓國大統領盧泰愚，等等。

因為大有來頭衍生高度期待，反而造成「不過爾爾」心理落差。像是第三道前菜生魚片，碟裡只有五片：三片白肉，兩片紅肉，太小氣了！遠遠不如台灣日本料理碎冰盤上鱺、鰤、鮭、鮪、魚卵、鮮蝦、海膽五顏六色之澎湃！

不過，白肉是真鯛，江戶時期俳文集《鶉衣》吟唱：「花屬櫻，人乃武士，柱乃檜木，魚乃鯛」，均為極致，真鯛是日本「魚之王樣」。品嘗真鯛時令僅秋、春兩季，春季櫻花盛開時捕獲的稱為「櫻鯛」或「花見鯛」，顏色如櫻花般嬌豔，肉質鮮美；夏季產卵後，味道較差，則為「麥稈鯛」；入秋脂肪又開始豐美，係「紅葉鯛」。我們用餐是在五月二日，女將輕輕地用英文說：「這幾乎是最後一尾花見鯛了。」

真鯛生魚片柔韌耐嚼，嚼到深處釋放出如刀鋒一抹微妙甘甜與所謂「磯岩海藻」之清香。但作為白肉魚，鯛魚肉主要是由快肌纖維組成的，整體運動量並不大，多做爆發性衝刺，毋須儲備脂肪，所以顏色白淨、味道清雅，甚至寡淡。古代日本人禁忌畜肉葷腥，一般飲食僅用魚米菜蔬，尤喜昆布柴魚等旨味調料，因此他們的味蕾對清鮮味道的感知能力非常之強，能夠清晰地分辨白肉魚味在品嘗過程中的細微變化。啊，這是已然淡出的過去品味。

紅肉則是藍鰭鮪前腹肉 O-toro。鮪肉主要由慢肌纖維組成，富含肌紅蛋白，以支持持續性大量運動，這種海魚上鉤後掙扎劇烈，被稱為King of Game Fish，漁獵之王。鮪魚腹肉富含鐵質，溫柔，入口即化，接近最頂級牛肉口感，咀嚼嚥下，油脂濃香與一絲絲血腥味長留唇際久久不散，風格突顯。

O-toro只有兩片，讓我想起關於三島由紀夫（1925-1970）的傳說：

不記得是在哪讀到的？以誇張作風聞名的作家三島由紀夫一次魯莽衝進東京一家知名壽司店，直接在櫃台邊坐下，毫不猶豫地點菜：「toro！」三島的聲音特別響亮，愈發顯無禮。才吃完立刻加碼：「再來toro！」接著又說「還要toro！」，連吃三片toro後，他便轉身離開。

評論說，這就是粗俗的下層武士，永遠不瞭濃墨重彩的美好不但需要鋪陳，更不能「過」，三就是過了，過則膩，「過」甚至惡於「不及」。

寡味但深刻真鯛之於濃郁卻不免膚淺的鮪腹，除了貴族武士之於下層武士的品味對比以外，在我看來，還有美國人類學者露絲・潘乃德（Ruth Benedict, 1887-1948）名作《菊花與劍》（The

Chrysanthemum and the Sword, 1946）所云清冽刀刃與豐美菊花矛盾共生之獨特美學，這一小碟生魚片、頗有學問。

蘆筍白魚淡真味

春末夏初，「小滿天雨水相趕」，催趕蘆筍快速抽長，再晚點就長成幼苗了，現在是一年裡品嘗蘆筍，特別是法國白蘆筍的最後時刻。我和幾位工作夥伴到法國南部圖魯斯（Toulouse）出差，預訂米其林一顆星新式料理餐廳 Restaurant PY-R，特別去電叮嚀主廚蘭畢儂（Pierre Lambinon）準備白蘆筍。

來到餐廳，簡單開胃菜之後，主廚省略了前菜，而以前後雙主菜的形式強調主題：鮟鱇魚佐綠色蘆筍，以及海鱸魚佐白色蘆筍。兩道主菜都是魚，而且都是白肉魚，不免讓人覺得單調平淡，缺乏變化。

真的缺乏變化嗎？鮟鱇魚被日本人喻為人間極品，因關東盛產，故有「西有河豚、東有鮟鱇」美稱，緊實彈牙，甜美溫柔；海鱸魚亦屬名貴魚種，但紋理粗、肉質材、腥味重，較顯狂野；兩者乍看近似，但口感迥然不同，可為對照。

尤其主廚料理最大特色在於醬汁，這也是法國菜的精髓：鮟鱇魚搭的是以綠蘆筍與鮮奶油為底的醬汁，海鱸魚則配以白蘆筍與經過沉澱過濾後的清牛油為主之特調貝恩醬汁（Sauce bearnaise）；兩款白肉魚的不同口感，對位不同醬汁的微妙深邃差別，綠白蘆筍交織前後，正呼應了日本名廚神田裕行所奉行的名言：「真味只是淡。」

可惜的是，幾位同桌朋友的失望溢於言表，清淡，太過清淡，借用《水滸傳》魯智深一句粗話：「嘴裡淡出鳥來」了！草草用過甜點，我們很快地付錢離開，散步回旅館，途中經過一家遲些打烊的中國餐廳，朋友們居然硬是拍開門點了碗雪菜肉絲湯麵，才算結束晚膳。

這是因為文化落差吧？法國人認為，到米其林星級餐廳吃飯，既不是為了吃飽，往往也不完全為了好吃，而是品嘗料理藝術，或者更清楚地說，是為了欣賞美。而真正之「美」，當然不可能削足適履降格地配合我們過去習慣的品味。

其實中華料理亦有蘆筍配白肉魚的傳統。北宋大文豪歐陽修留下名句:「荻筍鰣魚方有味，恨無佳客共杯盤。」不過，在這首詩裡，「荻筍」係蘆葦之嫩筍，拉丁學名 Asparagus officinalis 的蘆筍要遲至清朝時才傳入中國；「鰣魚」則是中國大陸沿海迴流性鯡科鰣屬珍貴細鱗白魚；一蔬一魚搭配起來特別有滋味——但這好滋味應屬淡雅，接近藝術層次，作陪佳客恐須有一定鑑賞能力才能深度分享。

北宋文人挑剔非常。據說當時知名音樂人彭淵材平生有五恨：「一恨鰣魚多骨，二恨金橘太酸，三恨蓴菜性冷，四恨海棠無香，五恨曾子固不能詩。」

曾子固即以散文傳世，獲譽為「唐宋八大家」之一的曾鞏（1019-1083）。曾鞏寫詩水準不到位，就算散文好得頂天了，居然還被人引為恨事，大約很難受邀成為共品清淡荻筍多骨鰣魚深味之「佳客」？

雪菜肉絲，蘆筍白魚，「物各有所好，違之傷自然」，卻也毋須

粽葉幽香

端午節，朋友組織了一場賞粽宴，琳瑯滿桌美粽，除了基本款台灣「南部粽」、「北部粽」、原住民粽，還有客家粄粽、廣式裹蒸粽、嘉興粽……，乃至於奢華取向的「鮑參翅肚龍皇粽」、「伊比利豬松露粽」，以及作為甜點的多款甜粽，各色爭香鬥味，大飽口福。

餐宴進行一半，主人詢問我的意見。當然是難得的經驗，不過，雖然有點煞風景，我仍妄言提醒：面對難得美食，也許我們都太興奮了，直奔主題，似乎跳過一個關鍵步驟，忘了欣賞粽葉幽香。

粽者，可拆成「米」與「宗」；宗者，上蓋下示，尊崇先輩之祖廟也。望文生義，原係祭祀祖先之米食，為了具體成形並便攜運，故以草葉包裹。無葉不成粽，油飯、蒸糯而已。

歷史長河發展下來，粽葉已經多元化了。傳說最早粽葉用的是菰葉，台灣也有「菰」，是一種多年生宿根水生草本植物，我們稱「茭白」。茭白葉狹而長，單片包出來的粽子體積小巧，若想個頭大些，就須幾片合用。類似的還有蘆葦葉、芒草葉。

最常見的還是竹，例如麻竹葉、桂竹葉，但也不全都是葉，有時也用竹筍長成脫落的外殼，筍殼亦稱「竹籜」，有時也作「箬」，所以箬既是一種竹，亦指竹殼，《說文解字》記載：「楚謂竹皮曰箬。」

台灣講究的粽子，多用二層麻竹，傳統內層用乾竹籜，既不易沾黏蒸熟的糯米，香味也淡雅；外層則用青綠竹葉，讓竹葉香隔一層蒸進去，似有若無，帶著含蓄美感。不過現在許多店家反其道而行，內層青葉、外層乾籜，那就是要強調草葉清香了。

另外還有荷葉、芭蕉葉、玉米葉，台灣原住民喜用月桃葉，各有各的特色，各有各的幽香。

為什麼說「幽香」呢？《詩經·小雅》吟唱:「隰桑有阿，其葉有幽；既見君子，德音孔膠。心乎愛矣，遐不謂矣；中心藏之，何日忘之。」幽香如君子，讓人念念不忘。

「幽」這個字頗值得一提。從甲骨文來看，象形就似一盞燃起兩縷絲芯的陶燈，火光本應明亮，放在廣袤黑暗之中，卻又顯得孤單。因此《爾雅》闡述：「幽，微也。」又說：「幽，深也。」精微深遠應是這個字的原義。

但後來《說文解字》依小篆之狀錯判幽從山形而會意，以為「幽，隱也。」這其實是化被動為主動的誤會——幽，絕非避而不見，只是不欲彰顯；並非不明，只是不言。

若以五行解之，幽屬土從火，相應於人，脾屬土心歸火。脾主運化，係在胃之後將糜狀食物進一步消化，並吸收營養。心與脾關係密切，五行相生火生土，心生脾，心為脾之母也。若有蒸熏幽香，微微上升，嗅之賞之，當能入微體察心意，不言自明。

話說多了，竟似故弄玄虛，自該打住。然而品嘗傳統美粽，卻忽略粽葉幽香，照顧脾卻錯過了心，終不算完整體驗吧？

How old is too old？

法國總統馬克宏（Emmanuel Macron）一直有幾樁頗被津津樂道的花絮，譬如還尚未跨過參選中華民國總統年齡限制，當年 39 歲的他係繼拿破崙以來最年輕的法國元首，又譬如妻子碧姬．托涅（Brigitte Trogneux）大他 24 歲多，2017 年四月才度過 64 歲生日。他的內閣成員文化部長法蘭索瓦絲．尼森（Françoise Nyssen）在六月過 66 歲生日，同一個月裡，司法部長妮可．貝盧貝（Nicole Belloubet）滿 62 歲。似乎自新總統當選以來，關於法國的新聞畫面，許多是充滿魅力熟女帶著掩不住皺紋的燦爛微笑。

法國女人或許根本不想遮掩皺紋？不擔心變老？

我想到 2017 年 57 歲的英國演員湯瑪斯（Kristin Scott Thomas）在 2015 年為法國保養品品牌黎瑞（Lierac）所拍攝的廣告，其中一句令人印象深刻的關鍵台詞：J'adore qu'on me demande mon âge.（我非常樂意被問到年紀。）

湯瑪斯從 19 歲起移居巴黎，常染花都氣息，舉手投足頗能代表法國。不過平心而論，除了法國，我想不出還有哪一個國家能有自信讓代言人在保養品廣告中展露魚尾紋笑容之美？

其實不只女人如此，以 77 歲高齡當選天主教教宗的聖若望二十三世（Pope Saint John XXIII, 1881-1963）亦有名言：Men are like wine - some turn to vinegar, but the best improve with age.（男人就像葡萄酒——有些會變成醋，但其中最好的則隨年齡漸入佳境。）

好的葡萄酒可能在時間長流中越來越好，那好的葡萄樹呢？我接續聯想到 2016 年七月英國葡萄酒雜誌《Decanter》上讀者發問：At what age does a vine become too old?（葡萄樹到了什麼年紀就算是太老了？）

葡萄樹壽年過百，樹苗種下後第二年即可收穫，但大部分果農認為初期葡萄品質不夠好，多在第三年才採收葡萄釀酒，有些堅持高標準的葡萄園甚至只使用七年生以上葡萄樹果實釀酒，取《聖經》上帝六天造萬物，第七天安息，以「七」為完成之意。在適當環境條件下，10 到 30 歲的葡萄樹，樹幹已經木質化，抗病能力較佳，果實濃郁飽滿，被視為葡萄樹成熟高峰期。40 歲開始走下坡，60 歲生產力明顯降低，缺乏經濟效益，許多葡萄農會將這些老樹刨伐，換種新苗，或以「壓條繁殖」（layering），重新開始新一輪葡萄樹人生，故葡萄樹超過 60 歲即可謂老矣。法國波爾多產區某些精密計算成本效益的商業化葡萄園，甚至慣例在葡萄樹 35 歲之後即更新換血，現實之至。

英國葡萄酒大師卡雅（Andrew Caillard）因此曾戲稱：the commercial life of a vine is equivalent to a human generation（葡萄樹的商業化壽命等於一個人類世代），青春肉體一旦過了「賞味期」，就很難在市場上賣得好價錢。

但人生不只是生意，不只算計，葡萄酒亦非如此。不少葡萄園為標榜歷史傳承，總常留下一小片老樹區，並釀製一些獨特的葡萄酒。據說在美國加州納帕谷地，有超過125歲的金芬黛（Zinfandel）葡萄老樹；澳大利亞巴羅莎谷地（Barossa Valley），則有超過170歲的希拉茲（Shiraz）葡萄老樹。歐洲的葡萄老樹就更多了，世界最老葡萄樹長在東歐斯洛維尼亞第二大城馬里博爾（Maribor）一處酒莊，係屬詹托卡（Ametovka）品種，高齡超過400歲，每年依然可以產出少量葡萄，繼續釀酒，並且據說釀出的是愛酒人無法拒絕的美妙好酒。

所以我們使用的詞也許不該是「變老」（getting old），而應是「陳年」（aging）。如同台灣詩人李進文的溫柔詩句，是：

「一起慢慢變酒的感覺，

而不是變老的感覺。」

肴肉風雞搭香檳

台北知名傳統菜館之中，金山南路上「銀翼餐廳」頗具傳奇色彩。這家台灣老字號外省餐廳成立於 1947 年，幾位原在空軍官校伙食團「新生社」服務的廚師夥伴，離開軍隊卻仍拾舊行當創業開設餐廳，不忘出身，為強調空軍銀色飛翼徽章的特色而取名「銀翼」。

空軍官校最早設在杭州筧橋，因此廚師們拿手的本是淮揚菜；但對日戰爭爆發，學校遷到雲南昆明，受到鄰近四川、特別是「陪都」重慶影響，居然川菜也做得呱呱叫；最後落腳高雄岡山，而退伍廚師則在台北同步推出四大菜系之二，川揚交相輝映，成為特色餐廳。銀翼餐廳迄今七十年的歷史，以一種罕見的視角映射出台灣近代發展歷程之獨特性。

若只是吃些鹹點配酒，我推薦他們家招牌冷盤「肴肉風雞」，據說是淮揚名菜，也是這家餐廳可以追溯到源頭的老本事。

肴肉又稱「水晶肴蹄」，係以煮熟豬蹄以食用硝與香料醃製而成，相傳始於鎮江，位居老饕們耳孰能詳「肴肉不當菜，鍋裡煮鍋蓋（煨麵），香醋擺不壞」的「鎮江三怪」之首，並因在 1949 年 10 月 1 日中華人民共和國「開國第一宴」國慶晚宴上作為頭盤之一而聞名。

香料醃製風乾而成的風雞就更尋常了，中國八大菜系裡幾乎都可以見到，像是河南「固始風雞」或是四川「成都毛風雞」，名氣比起淮揚風雞，絕對只高不低。

肴肉與風雞既是風味菜，又是隨處可見，豬是紅肉，雞是白肉，紅白混搭，據說神仙張果老認定不可當菜，應該配茶，想來也能配葡萄酒。我建議試試號稱百搭中華料理的法國香檳，選了古典品牌 Deutz Brut Classic NV，以及同酒廠 Deutz Rosé NV 與 Deutz Cuvée William Rosé 2000 作為對照。

Deutz Brut Classic NV 以三分之一黑皮諾（Pinot Noir）、三分之一莫尼耶皮諾（Pinot Meunier）、三分之一夏多內（Chardonnay）的經典香檳配方混釀而成，優雅、圓潤，複雜卻不難纏，氣泡細緻而不致過度刺激，就像一大束滿天星小白花，適切地烘托出主角紅玫瑰（肴肉）與白玫瑰（風雞）的動人風采。

但 Deutz Rosé NV 就不甘屈人之下了。這款以百分之百黑皮諾釀製脫色白葡萄酒，再兌入 8% 黑皮諾原色紅葡萄酒而成的粉紅香檳，有著更濃郁、厚重，甚至帶著一點狂野口感，飽滿而多層次的香氣，尾韻也夠長，與菜餚平起平坐，竟像一齣三人行的精彩對手戲，多邊交鋒，更擅勝場，肴肉、風雞、香檳酒，都是主角。

至於以 75% 黑皮諾與 25% 夏多內調配的 Deutz Cuvée William Rosé 2000 年分香檳，年分夠了，酒體豐腴卻不膩，口感均衡但單寧較一般更為明顯，當收斂性的緊縮在口腔內慢慢舒緩開來時，兩頰生津，回甘竟帶甜鹹旨味，讓人驚艷，不知不覺中香檳竟成了搶戲主角，肴肉風雞反倒變成下酒菜配角了。

跨界混搭肴肉風雞，搭配以混釀之法國香檳，創造出一種獨特多元飲食經驗，似乎也提醒，人生其實閃爍著比我們所預期更多的可能性。

台灣剉冰

夏至，聯想一句出自《莊子》的諷刺語：「夏蟲不可以語於冰者，篤於時也。」我們沒辦法和一輩子就只活在夏季的蟲談論冰這個話題，因為生命長短局限了蟲的經歷，這句話也可形容人見識短淺。

人絕非蟲，不但比蟲有見識，更比蟲能應變、有實踐力。溫帶中國大陸冬季天然結冰，古人早有藏冰以供夏日消暑之舉。《詩經》第一首詩〈七月〉即吟唱：「二之日鑿冰衝衝，三之日納于淩陰。」二之日係指十月以後第二個月的日子，十二月；三之日翌年一月。「鑿冰沖沖」工作，就是描述被課以王室貢冰義務的農民在隆冬掘採和儲藏冰塊，為統治者來年超越夏蟲的奢華享受做準備。

一路發展到了清朝，夏冰竟成為官場賄賂的代稱。馮桂芬（1809-1874）《校邠廬抗議》裡說：「大小京官，莫不仰給於外官之別敬、炭敬、冰敬。」「冰敬」，即地方官在夏季時以替京官購冰消暑降溫為名而來的「孝敬」。

然而在亞熱帶的台灣，冬季天然冰已屬難得，更不可能有藏冰供夏季消暑，「鑿冰衝衝，納于淩陰」僅止於文學欣賞與憧憬想像，卻遠離真實生活經驗。直到 1835 年美國人雅克布．柏金斯（Jacob Perkins, 1766-1849）發明了人工製冰技術。

但在十九世紀末之前，台灣都未曾取得製冰技術，據說有一段時間冰塊皆由香港搭船而來，昂貴非常。日治（1895-1945）第二年，1896年，台灣大買辦李春生（1838-1924）與英國人合作，在台北裝設了第一部製冰機；同年十月，台灣製冰株式會社成立；隔年四月台北製冰株式會社成立；台灣人終於可以「語冰」，並且開始品嘗各式冰品。

最經典當然屬台式剉冰。「剉」者，台語「刨」也，剉冰就是刨冰，一種將冰塊用特殊刨冰機器或用刨刀、鑿刀手工刨細裝盤，上頭添加不同配料，或是容器內先放好配料再刨冰灑於其上的冰品。

剉冰在日治時代隨著製冰技術與刨冰機從日本傳入台灣，最初台式剉冰是清冰。「清冰」係刨冰淋上糖水，有時添加無色透明香蕉油調味而成之素樸冰品。

隨日本文化引進台灣還有著名的「宇治金時」（うじきんとき）：「宇治」指的是京都府宇治市周邊所生產的日式抹茶，「金時」則是美味的紅豆品種，合起來描述以抹茶與糖煮紅豆調味的日式刨冰。

但台灣人不習慣抹茶的澀味，很快就將日本味變成台式的「紅豆煉乳冰」。後來又出現了以本地楊桃乾、鳳梨漬、芒果青、醃李鹹（醃紅肉李）調味的「四果冰」，以及以大紅豆、小紅豆、綠豆、花生、芋頭、麥角、仙草、芋圓等豐盛繽紛配料組成的「八寶冰」。

而馳名的台式「芒果冰」，則係二戰之後美援從美國佛羅里達引進高品質芒果品種，經本地馴化改良而得，其實是一款「新產品」。

品嘗台灣剉冰，可以自由聯想在這冰品上閃爍的多元文化。

不接地氣新沙士

夏天軟性氣泡飲料市場近來最夯的話題，是本土老牌黑松沙士推出減糖 35% 新產品「清爽 der」，瓶身大刀闊斧地刪去行之多年的商標文字圖案，改走色塊拼接的簡約風格，充滿設計感，卻也引發起正反兩面熱烈討論。

有批評直言，這種作品「九成九會讓設計系的學生和沒啥社會經驗的設計師高潮、高潮、再高潮」，但「黑松沙士的感覺本來是本土宮廟最愛喝的飲料，又同時代表著台灣本土的汽水，應該要更接地氣。」

地氣？許多人喜歡標舉接地氣，我卻想到美籍華裔作家哈金的詩句：

「我還歌頌那些不接地氣的人

他們生來就要遠行

去別處尋找家園

他們靠星斗來確定方向

他們的根扎在想像的天邊」。

何況，氣泡飲料與台灣這片土地的關聯其實頗為曲折。

原本許多發酵製成的酒類就自然含有二氧化碳氣泡，例如啤酒、蘋果酒、香檳酒等等。一般文獻歸功英國科學家梅瑞特（Christopher Merret）首度於 1662 年以加糖二度發酵方式創造了氣泡酒；而法國科學家梵內（Gabriel François Venel）於 1750 年以人工方式製造出氣泡礦泉水；不過最知名的則是英國科學家普利斯特里（Joseph Priestley），他在 1767 年完整公開了製造氣泡水的配方與製程。

台灣人第一次認識氣泡水應該是在「清法戰爭」（1883 年 12 月 -1885 年 4 月）期間。清法戰爭中的「西仔反戰役」，係法國遠東艦隊與清軍在台灣北部基隆與外島澎湖之間發生幾場戰役之總稱，「西仔」指的就是「法蘭西」。當時曾流傳一句口號：「西仔來打咱台灣，大家合齊去征番」，有人因此認為清法戰爭促成了台灣人共同體概念的第一次成形。

據說這段期間有法國士兵在基隆兜賣汽水，基隆人第一次喝到這種舶來有氣的水，命名為「法蘭西水」，並留下了另一句台語順口溜：「法蘭西水，食一點氣。」意思大約接近「不生氣，要爭氣」。

而「沙士」的源頭，應該是墨西哥原住民用來解熱的天然草本飲品，美語稱 Sarsaparilla、Sarsae 或 Root beer，雖曰 Beer，但不含酒精，乃十九世紀美國相當流行的氣泡飲料。二十世紀初在上海、廣州、香港亦有販售來自歐洲的調味汽水，人們以「荷蘭水」總稱各式氣泡飲料，其中就有音譯為「沙示」的獨特口味產品。

而日治時期1925年以「富士」、「三手」彈珠汽水起家的台灣「進馨商社」創辦人張文杞，在二戰之後於上海嘗到了「沙示」飲料，輾轉取得配方後1950年在台推出黑松沙士，一炮而紅，長紅至今，是極少數能與美國來的可口可樂分庭抗禮之本土軟性氣泡飲料。

不過黑松沙士雖曰本土，若追究歷史，抽絲剝繭，又可以發現許多深植血脈的外來元素。

所以新潮設計何妨？不接地氣又何妨？曲折過去既是事實，那麼讓我們飲一口新款沙士，「食一點氣」，抬頭挺胸大聲朗誦哈金〈不接地氣的人〉：

「生命是曲折的旅程

每一站都是新的開始

……

就要把一條路走到底

雖然他們並不清楚

自己的足跡

將改變誰的地圖」。

葡萄酒礦物香氣

有朋友質疑，我曾為文提及白葡萄酒的礦物香氣，說得飄邈虛幻，但植物從土壤中吸收一種物質轉化成另外一種物質的過程極其複雜，儼然「昇華」，按理說原始面貌無從辨認。誇誇其談礦物香氣，是不是根本就是玩弄文字，是一種讓外行人感到挫折的形容詞遊戲？或者故意把簡單東西說得很艱澀，硬把葡萄酒扯成一種玄學。

這真是天大冤枉。白葡萄酒礦物香氣絕非玄學，而不折不扣是直觀的感官經驗。

雖然 la minéralité 這字在一般法文字典裡未必查得到，但它卻的確是個不能算非常罕見的葡萄酒專有名詞。適當中譯是「礦物特性」，可以再細分成「礦物氣息」與「礦物味道」，前者來自於嗅覺，後者味覺與口腔觸覺，雖然微妙，但確實是能夠真實感受並分享的普遍葡萄酒經驗。

礦物香氣屬於葡萄酒香氣中「初級香氣」，通常比較年輕的葡萄酒更能明晰呈現，白葡萄酒初級香氣共有四種類型：花香、植物香、果香與礦物香；紅葡萄酒初級香氣同樣有四種：花香、植物香、果香與香料香，與前者的差別就在於香料香與礦物香。其實我們可以想像紅葡萄酒中應該依然存在著散發礦物香的元素，但因這種葡萄酒其他更強烈特質打破純淨，而掩蔽了這種微弱、絕不突顯的氣息。

葡萄酒最常見的幾種礦物香包括：石灰岩（calcaire）、矽石（silex，或是更傳神的「火石」：pierre de brûlée）、白堊（craie）、碘石（iode）、石油化石（naphte、pétrole）、石墨（graphite）、鉛礦（mine de crayon）等等。

法國著名侍酒師艾曼紐埃．戴爾馬斯（Emmanuel Delmas）曾為文提及，2009 年亞爾薩斯 Sigile 葡萄酒大獎評鑑過程中，有人對他所描述的高級 Riesling 白葡萄酒的礦物香提出質疑，於是他立刻奔進附近的葡萄園，捧了一堆石塊與沙礫，放在評審台上，澆上桌上的礦泉水，衝擊乾燥石塊裡封閉的氣息散發出來，然後請在場的人閉上眼睛，一起專心以嗅覺──哲人盧梭（Jean-Jacques Rousseau, 1712-1778）所謂「想像的感覺」（L'odorat est le sens de l'imagination）──捕捉那難以描述的礦物特性……。

「礦物特性」真的太神祕了。當發明葡萄酒「香氣之輪」（Aroma Wheel）的美國加州大學教授安．諾布爾（Ann Noble）被問到，為什麼「香氣之輪」繽紛光譜中「礦物特性」付之闕如？這位知名葡萄酒學者回答：「礦物特性是一個永遠無法被一致定義的字眼或物理標準。如果有人真能找到一個明確具體的礦物或金屬的答案，它就可以被列上香氣之輪。」她強調：「因為，香氣之輪的標準是客觀、分析性的，而非主觀的、非評價性的、非享樂式的。」

幸虧大部分人品嘗葡萄酒的目的只為享樂。如同海倫．凱勒（Helen Keller, 1880-1968）所說：「世界上最好與最美的事物既看不見也摸不著，必須用心體會」（The best and most beautiful things in the world cannot be seen or eve touched- they must be felt with the heart.），就像也許飄邈虛幻但確實存在、絕對不屬於玄學範疇的礦物香氣。

葡萄酒礦物口感

談葡萄酒，不說一般人常用也很容易瞭解的「味道」，而使用彷彿刻意咬文嚼字的名詞:「口感」，是因為我們要討論的不僅止於味覺，而是包括味覺、嗅覺、口腔觸覺，並且與過去的記憶交互作用，所統合出來的整體感覺，借用神經學的專有名詞，有識之士稱呼這種統合經驗為「共感」（synesthesia）。

當酒液進入口中之後，礦物特性的感受經驗其實與酸性非常類似，也同樣地讓人印象深刻，讀者可以想像嘴裡滿溢酸味的那種激烈感覺。這時候，「礦物特性」不再虛無飄渺，反而清晰具體，這就是味覺「近感」和嗅覺「遠感」最迴然不同的特徵，雖然即使這個時候，嗅覺依然繼續作用，並且以一種隱而不顯的方式支配我們的判斷。

在大部分酒評家的品酒筆記之中，「礦物性」（la minéralité）幾乎毫無例外地與「酸性」（l'acidité）同步出現，事實上從某種角度審視，這兩種葡萄酒特性的確營造出類似的味覺與口腔觸覺經驗。它們之間最大不同在於，整個線性的品味旅程中，酸性是由強轉弱，剛剛入口給人的衝擊最為猛爆，然後漸漸削弱，終至淡出；礦物特性則是一開始幾乎感覺不到它的存在，當酸性轉弱時才點滴浮現，而在入喉的最後一剎那以一種回味、回甘放大了的效果震撼我們的味覺與嗅覺，而正是在那一瞬間，所謂「風土條件」中最重要的土壤特性，恰如其分被傳遞出來了。

在葡萄酒口感描述裡，礦物特性的具象化，主要體現在「繚繞餘韻」的長度，以及「織紋肌理」的質感。

所謂「葡萄酒長度」，是指嚥下酒液之後，餘味與餘香在口中盤旋的時間，有時候法國人乾脆叫它作「持久度」。在法國，稍微專業一點的品酒場合之中，往往會聽到有人裝模作樣地說這酒的 P. A. I. 有 3，或長達 5 之類陰陽怪氣的術語，其實他要說的是葡萄酒在口腔內殘留的「濃香持久度」（Persistence Aromatique Intense）延續了三秒鐘或五秒鐘，這是判斷葡萄酒品質的條件之一。

至於質感或「質地」，則呈現葡萄酒的整體感受與一致性，在葡萄酒語言裡，常以布料的組織結構與編織方式式來形容酒質，以英文為例，我們會看到「silky」（絲）、「velvety」（天鵝絨）、「satin-textured」（綢緞）、「loose knit」（鬆垮）、「tight」（緊實）或「knit」（緊密織合）等字眼。這些都是以觸覺與視覺記憶描述口感，其實同樣可以詮釋葡萄酒的礦物口感。

但是有人問，感受與描述葡萄酒的礦物口感的方式太複雜了，有沒有更簡單的辦法？我的答案很清楚：沒有。法國哲學家加斯東・巴舍拉（Gaston Bachelard, 1884-1962）早就提醒我們：「簡單，總就只是簡化。」（Le simple est toujours le simplifié.）

複雜才是真相，真實人生絕不簡單，葡萄酒也一樣。

品酒之氣氛美學

有人問我：「台灣葡萄酒文化，還有什麼可以精進的地方？」

如此話語與其說是詢問，毋寧炫耀，帶著多次操作之後對於知識與程序全盤掌握的熟練，以及多次品嘗之後胸中自有豐美葡萄園的信心，浸潤舶來葡萄酒多年的台灣，似乎也擔得起這分自信。

但不得不說，進步空間始終都還有，其中許多甚且關乎本質。譬如本地品酒，往往令人驚訝地嚴重忽略溫度的重要性。

這已經是常識了：葡萄酒甜度隨溫度而變化，溫度降低甜度跟著轉弱，溫度升高則甜度轉強。白葡萄酒一旦甜味降低，酸味就會突顯，因此當我們想要享受颯爽飄逸口感時，可以將白葡萄酒冰鎮處理；而想強調柔順甜美特色時，則可約略提高飲用溫度。

至於紅葡萄酒，與甜味互動消長的則主要是澀味，如果降低紅酒溫度，澀味將變得強烈突出。所以對於單寧不足的清淡紅葡萄酒來說，略為冰鎮處理之後，味道將臻均衡，口感也顯紮實，最廣為人知的例子就是以佳美（Gamay）單一葡萄釀製的法國薄酒萊，特別是薄酒萊新酒；但若欲欣賞單寧厚重之紅酒，溫度降低將使澀味被過度強調，反而喪失均衡口感。

一般認為葡萄酒適飲溫度，白葡萄酒為攝氏 8–16 度，紅酒則在

16–20 度。

本地愛酒人其實都有模糊概念，但實踐上卻往往造成了負面效果，譬如將白葡萄酒置於冰桶裡過久，導致柔美口感與獨特香氣被封閉掩蓋；或是一開始的確處於最佳適飲溫度，但隨著餐會時間推長，溫度愈升愈高，終致不忍卒飲。

有人會拿教科書來質問，紅酒不是「室溫適飲」嗎？是的，但首先要確定書上說的是哪的室溫？法國石造建築室溫常年總在攝氏 18 度左右，但地處亞熱氣候帶，即使開著空調，台灣室溫應該遠超過此一標準。特別在封閉餐廳一群人以中華料理搭配葡萄酒，為了不讓菜餚冷掉，通常空調溫度都設在 25、26 度，熱菜熱湯再加上酒酣耳熱體溫催化，有時連人都汗流浹背坐不住了，何況葡萄酒？

封閉空間對於欣賞葡萄酒還另有所妨礙：當室內空氣不能順暢流動時，氣味於是停滯堵塞，這種「氣的淤積」減弱嗅覺與味覺的感受力。用傳統中醫的說法來解釋，氣是維持生命活動的基本物質，它的外在表現稱為「神」，有氣者可得神，無氣者無神，少氣者少神，氣足者神全——品嘗葡萄酒最深刻之處，非僅止於品味，更是探求其神。

所以在一些條件許可的品酒聚會裡，我常會建議大家出到室外品嘗同樣的葡萄酒，然後與剛剛在封閉室內的經驗做比較。這種比較相當震撼人心，我很喜歡欣賞手持酒杯走出房間朋友們，在流動清新空氣中感受到葡萄酒某些難以言喻之細微美好時的驚愕、驚喜與驚艷表情。

這當然不是魔術，雖然有時我會戲稱之為「品酒的風水學」。風水，風水，講究的就是風生水起，許多人專注天然的地勢變化，但在過度都市化的時代裡，更重要的是關切人工的斧鑿影響。舉例而言，傳統中華文化裡所謂的起居風水，提醒讀書人挑燈夜讀時應該放下窗簾，且不論「以防過路鬼神窺伺驚擾」這種近乎迷信的論調，但是讀者們可以試試，半夜在窗簾隔絕的書房裡讀書，感覺應該與門戶敞開的情況截然不同，更能掌握心神，所謂「開卷神遊千載上，垂簾心在萬山中」，這其實已經不完全僅是環境心理學之範疇，而關乎氣氛美學了。

是的，當代德國哲學家伯梅（Gernot Bohme, 1937-）所倡議的「氣氛美學」（Aesthetic of Atmosphere），可以作為台灣葡萄酒文化精進的一個重要方向。他認為：「氣氛並非獨立飄搖於空中，反而是從物或人，以及兩者的各種組合生發開來而形成的」；因此，「氣氛是一種空間，也就是受到物與人的在場及其外射作用所薰染的空間」。

真正的品酒美學，是人與葡萄酒平等交織融合、一大片整體式的感知，既不可拘泥於物我對立論的二元框架，更不能淪落到一切物化、混然不覺環境氣氛變化的窘境。這個方向，值得我們深深思索、斟酌與學習、實踐。

第三記——空留紙上聲

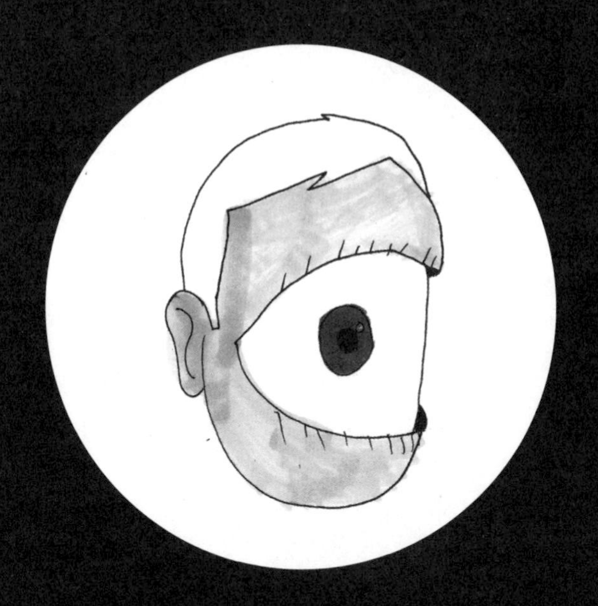

《題吶喊》 魯迅

弄文罹文網，
抗世違世情。
積毀可銷骨，
空留紙上聲。

七月苦瓜不傷心

夏至已過，小暑將臨，七月來得好快。是台灣詩人夏宇的詩吧？

「騎車，吹口哨，沿著

三月，春天的牆，轉彎

過橋，下坡

放了雙手，就是七月了。」

《詩經．七月》有「七月食瓜」之句，中醫四季側重原則的確建議「春吃芽，夏吃瓜，秋吃果，冬吃根」。而天氣愈來愈熱，梅雨過之後愈來愈乾，乾熱易散，飲食得注意調和。《禮記．內則》說：「凡和，春多酸；夏多苦；秋多辛；冬多鹹；調以滑甘。」──兩套理論結合起來，七月就該吃苦瓜。

「夏」在五行中屬火，五臟上對應「心」，夏天容易心火過旺、脾氣暴躁。若求清熱養心，當多吃味苦性寒食物，例如黃連，或是苦瓜。但是黃連太苦了，只能作藥，無法入菜。苦瓜也苦，卻是不一樣的苦。我常想說服洋人朋友品嘗苦瓜，但是他們一聽說 bitterness，忙不迭搖手推拒，bitter 是痛苦、辛苦，難受極了，為何自討苦吃？怎麼解釋呢？ It's a pleasantly mild bitterness. 一種溫柔、內斂、深情之苦甘，苦後回甘，反覆體驗一些一定過得去的清晰之苦，最後得到一丁點美好尾韻。但這麼一丁點的美好就能讓人魂牽夢縈了，香港詩人也斯甚至「帶一枚苦瓜旅行」：

「咀嚼清涼的膚肉

總有那麼多不如意的事情

人間總有它的缺憾

苦瓜明白的」。

喜歡苦瓜的人稱它作「君子菜」，因為它有「苦己不苦人」之美德，獨苦卻不訴苦，與蛋、魚、肉同蒸同煮同炒，既能增添多元滋味，卻不會將苦味感染他物，蛋依然香，魚依然鮮，肉依然甘醇，苦瓜自苦。也斯另一首讚詠苦瓜的詩低吟：

「把苦澀藏在心中

是因為看到太多虛假的陽光

太多雷電的傷害

太多陰晴未定的日子？

我佩服你的沉默

把苦味留給自己」

也許苦瓜的味道太深刻了，很難理解，因此又名「半生瓜」。按照焦桐的說法：「年輕時總是畏苦，這種條件反射往往要到中年以後，才慢慢能欣賞苦瓜之苦。」以半生歲月換得一種獨特品味，應該珍惜。所以台灣客家女詩人張芳慈才會有這樣的短詩：

「走過

才知道那是中年

以後弄皺了的

一張臉

凹的 是舊疾

凸的 是新傷

談笑之間

有人說

涼拌最好」

凹凹凸凸舊疾新傷，人間正道是滄桑，苦則苦矣，卻毋須傷心。「心者，形之君也，而神明之主也」，它柔軟，卻並不脆弱。孟子曰：「耳目之官不思，而蔽於物；物交物，則引之而已矣。心之官則思，思則得之，不思則不得也。」眼耳，乃至於口舌這些器官無法思考，易被外物蒙蔽。與外物接觸，往往立刻受到引誘，而做出淺薄可笑的反應。

幸虧心可以思考，能思能得，不思不能得，這是上天賜予我們最重要的禮物。得什麼？點滴在心的清醒。

就拿也斯的詩作結吧：

「老去的瓜

我知道你心裡也有

柔軟鮮明的事物」。

咖啡與糖之對話

回憶過去，年輕時留學法國許多「最早期的」文化震撼之一，是飲食中的苦，而最具代表性的，則是濃縮黑咖啡。之前在台灣喝咖啡，即使是沒那麼濃烈的美式咖啡，也往往要加許多糖來平衡苦味，再加許多牛奶或奶精平衡澀味，才能入口；目的只為提神，而非品味。但後來在花都周遭法國同學喝濃縮咖啡，絕大部分純的喝，當然不加奶，有時候手上拿著一顆方糖，卻不丟進杯裡，就沾點咖啡小口啃著吃，一口糖，一口咖啡，享受固體純甜與流體極苦的交互作用；剛到法國時看到這種尋常景象，總在心底暗嘆：「法國人怎麼這麼能吃苦？」

年輕時喜甜畏苦，喝咖啡一定加糖；現在習慣了雋永的苦，卻反而害怕膩味的甜，因為偏好改變，因為健康因素，對糖竟避之唯恐不及。咖啡與糖的關係放進生命脈絡檢視，十分微妙。

我因此重讀台灣作家管仁健分成八個小篇章的現代詩組曲《咖啡的獨白》。

「我是壺中的咖啡

你是罐裡的砂糖

人們喜歡我的芳香

卻又厭惡我的苦澀

大家眷戀你的甘甜

也常疏忽你的無味」

因為無間搭檔，往往既是親家又是冤家，是《西廂記》的句子吧？「望得人眼欲穿，想得人心越窄，多管是冤家不自在。」管仁健筆下的咖啡滿腹怨言：

「我痛苦地躺在壺中

受盡烈火的煎熬

你卻悠閒地坐在罐裡

靜靜的望著窗外

聖經第一頁寫著

你我同在第三天被上帝創造

為何我倆的待遇

竟如天地般懸殊

莫非黝黑的膚色

也該是一種原罪」

然而詩人誤會了，砂糖之白，係經過人工萃取與漂白，並非原始本色。管仁健借一位蔗農之口解釋：

「給日本人種了半輩子甘蔗

現在才知道砂糖是何滋味

原來晶瑩剔透的你

竟是黑色外皮與黃色雜肉之

私生女

……所以你愛哼那首歌

亞細亞的孤兒

在風中哭泣」

日治時代蔗糖是台灣最重要經濟作物，但一般台灣人僅能嘗到初步精煉的黑糖、紅糖，純白砂糖是日本人特權。當時台灣人既不是日本人，也不是中國人，於是吳濁流（1900-1976）創作經典小說《亞細亞的孤兒》，羅大佑 1983 年也譜出迄今傳唱的同名歌曲：「黃色的臉孔有紅色的污泥，黑色的眼珠有白色的恐懼，西風在東方唱著悲傷的歌曲。」

其實日治時期總督府殖產局也曾在台推廣咖啡產業，一度是東亞最重要咖啡輸出地，不過二戰後迅速式微，現只零星種植。都市街頭林立咖啡館，原料主要依賴進口。

管仁健詩中舶來咖啡與本土砂糖欲拒還迎：

「儘管你百般不願

奮不顧身的努力掙扎

載沈載浮好幾次

終將緩緩柔柔的

落下

沈沒在我心靈深處」

有人說，台灣歷史就是不斷在「原民」、「移民」與「殖民」衝撞激盪中創造多元面貌，咖啡與糖、苦與甜之對話，似乎正婉約地訴說故事。

苦加非相思味

依我看來，飲食環境美學最佳討論案例之一就是咖啡館，或者更具體比較：即使同一杯咖啡，在家喝，與在咖啡館裡品嘗，味道應該迥然差別，倒不是說有高下之分，但應該不一樣！於是台灣文青們對於奧地利作家彼得・艾騰貝格（Peter Altenberg, 1859-1919）名言 "If I was not at home, that is, in the cafe; if I'm not in a cafe, is in the way to the cafe."（如果我不在家，那麼，就在咖啡館。如果我不在咖啡館，就在往咖啡館的路上）非常熟悉。

這種熟悉還挾帶對歐洲文化的嚮往。雖然我們都知道，咖啡源自於非洲，十三世紀引進阿拉伯世界；1570 年，土耳其軍隊圍攻維也納失敗撤退時，將咖啡豆與飲用方式遺留下來，維也納出現了第一家咖啡店。也就是說，直到十六世紀末，咖啡才以「伊斯蘭酒」之名大規模傳入歐洲，漸漸變成歐洲生活風格重要的一部分。

不過東亞人認識歐洲，主要是在大航海時代以後，中國則對 1900 年八國聯軍入侵印象深刻，因此民初鴛鴦蝴蝶派代表人物周瘦鵑（1895-1968）《生查子》詞中描述西洋作派：「積恨不能消，狂飲葡萄醉；更啜苦加非，絕似相思味。」其實也就代表了當時華人文化圈對歐洲人的刻板印象。

日本曾有「脫亞入歐」之夢，也是東亞最早開設咖啡館的國家。

台灣歷史學者胡川安在《和食古早味》書中提到，反清復明不成病逝台灣的鄭成功有個弟弟鄭永寧流落日本，而日本第一家咖啡館「可否茶館」，正是鄭永寧之子鄭永慶在明治21年（1888年）於東京開設的。

當然，日本人接觸咖啡的時間遠比鄭永慶開設咖啡館之時更早，但當時將其視作藥物。根據史料，koffie最早文字記載出現在十八世紀末日本與荷蘭人生意往來帳簿裡，這個荷蘭字曾被譯成「可否」、「可非」、「骨非」、「骨喜」等等，最後以日文漢字「珈琲」通用。

「珈琲」在日治時期來台成為「咖啡」。1897年台北西門外設立了第一家咖啡館「西洋軒」，1912年台北新公園（現今「二二八紀念公園」）出現第一座大型咖啡館「公園獅」。「公園獅」在當時台北廳長井村大吉支持下高調開幕，開幕當天施放煙火，並有上百名藝妓擔任服務員，曾蔚為話題。這座咖啡館每天一早六點半即開門迎客，成為文青聚集之所。後來更增建為兩層樓洋房，二樓可辦畫展、攝影展，還能容納小型劇團演出，簡直是現代複合式藝文空間之濫觴。

二十世紀初，咖啡館在中國沿海城市雨後春筍風行起來，並漸向東南亞轉口輸出，東南亞人常稱「咖啡店」Kopitiam，係自福建話轉譯，新加坡Kopitiam始於1900年代，即為中國移民所創設。

有趣的是，1971年發源於西雅圖的美式風格咖啡連鎖店Starbucks星巴克，1996年邁出國境第一家海外咖啡店就設在東京，同年底在新加坡，之後在東亞擴張節奏陸續為台北（1998）、北京（1999）、香港（2000）、澳門（2002）……，與一百年前步伐略異卻若合符節。苦加非，相思味，咖啡館中啜之，往事竟逝如煙。

三把蕹菜欲登天？

台灣俗稱的「空心菜」其實是好菜，但近年來被拿來批評官員施政華而不實、內容空洞，空心菜竟成負面字眼，委實冤枉。空心菜粵語作「通心菜」，簡稱「通菜」，「通」者透徹也，宋代《朱子語類》講得明白：「凡事見得通透了，自然歡說，既說諸心，是理會得了，於事上更審一審，便是研諸慮。」就菜名而言，「通」比「空」好多了。

這令我想起年輕時聽過的一個笑話：有朋友描述，香港人喜歡簡稱，小型巴士叫作「小巴」，城市巴士喚「城巴」，九龍巴士「九巴」，那，機場巴士怎麼說呢？我和其他人大驚，訥訥講不出諧音不雅的「機巴」來。這位朋友手一揮，打住，別說出口，香港人不像你們那麼粗俗，他們取名「通天巴」！

「通天巴」，好名字；「通心菜」也不差。據說「空心菜」此名源自於《封神演義》之「比干剜心」典故，「我本將心托明月，奈何明月照溝渠」——往窄裡看，是空心；反諸求己，虛心；若向寬處遠處望去，則係通心；空心，虛心，通心，彷彿人生選擇。

其實這菜通用名字是「蕹」。十八世紀出版的《澎湖紀略》曾引用宋代陳正敏《遯齋閒覽》解釋「蕹」字來源：「蕹菜本生東夷古倫國，番舶以甕盛之歸，故又名甕菜。」「蕹」係「甕」衍生，來自海外，有交流開放意涵。

傳統上，東夷多指居住於中國大陸東方朝鮮半島、日本列島及琉球群島等地外族，或中國東北少數民族，原指東北亞。但蕹菜源自東南亞熱帶，如果將東夷的「東」字擴大解釋為東亞，並不離譜。

至於「古倫國」，學者多以「不可考」輕輕帶過，我卻有一點個人淺見：現今印度尼西亞東部的 Nusa Penida Island，古代曾出現過 Gurun 王國，此島位於「龍目海峽」（Lombok Strait），北接爪哇海，南接印度洋，扼居航行黃金水道。Gurun 可能就是中文典籍上的「古倫」。

明代李時珍《本草綱目》對「蕹」有不同解釋：「蕹與壅同，此菜惟以壅成，故謂之壅。」「蕹菜……性宜濕地，畏霜雪。九月藏入土窖中，三、四月取出，壅以糞土，即節節生芽，一本可成一畦也。」

按這位中國古代四大名醫之一的看法，「蕹」從「壅」轉化，而「壅」則是把沃土或肥料堆積在植物根部的動作，強調土地情感。

有趣的是，日文漢字也稱「蕹菜」（ヨウサイ，yousai），日本文獻說此菜原產於東南亞，經由沖繩傳到九州，沖繩正處於台灣島與九州島之間，日本蕹菜和台灣很可能也有某些關聯。

在台灣，台語和客語都曰「蕹菜」，是一種普羅蔬菜。因為太常見了，竟有俗諺：「食三把蕹菜，就肖想上西天。」意思說才吃了一點素菜積福，居然立刻膨脹到以為能一步登天，飛升西方極樂世界。

常民，泥土氣息，有開放意涵又美味，蕹菜其實是好菜。

總統友宴上的黑桃 A ？

2017 年法國國慶前一天，7 月 13 日，法國總統馬克宏夫婦宴請來訪的美國總統川普夫婦。這場備受矚目晚宴並未在法國總統府愛麗榭宮以國宴方式舉行，卻選在由名廚艾倫・杜卡斯（Alain Ducasse）所主持，座落於巴黎最具象徵性地標艾菲爾鐵塔二樓的米其林一星餐廳 Jules Vernes，馬克宏特別以 diner d'amis（朋友們的晚餐）定調。

法國總統府所公布的這場「朋友餐宴」菜單毫無驚豔之處，中規中矩到讓人覺得有點保守老套：兩道前菜分別是 Pâté en croûte（法式酥皮肉派）、Petits légumes du potager de la Reine farcis（時蔬鑲肉餡餅），雙主菜 Sole dorée à la sauce hollandaise（比目魚佐荷蘭醬）、Filet de bœuf Rossini jus Périgueux（羅西尼牛排佐佩里格醬汁），甜點之前的冰品 Fraises des bois（野草莓優格雪酪），結尾的甜點則是 Soufflé au chocolat（巧克力舒芙蕾）。

總統府也一反慣例並未公布晚宴酒單，僅僅提及兩對總統夫婦品嘗了香檳酒。

也許因為太無趣了，有小報爆料他們喝的是 Armand de Brignac，而且還信誓旦旦說是三十公升 le Melchizedec 瓶裝 Midas——不但是世界最大瓶香檳，也是最昂貴的香檳。有人甚至在社交媒體上貼出帳單舉證，單是這一瓶香檳，就花了法國納稅人 13 萬歐元！

Armand de Brignac 是法國香檳無誤，但卻是嶄新品牌。傳統香檳大廠 Champagne Cattier 在 2006 年推出耀眼金屬黑桃 A 為酒標的 Armand de Brignac（英語世界直接稱作 Ace of Spades）時，並沒有立刻引起重視。但沒想到卻在娛樂圈捲起野火旋風，並一路延燒回葡萄酒界。

2006 年底，美國天王嘻哈歌手 Jay-Z 在單曲〈Show me what you got〉MTV 中，對經典奢華香檳 Roederer Cristal 不屑一顧，卻以 Armand de Brignac 討好在 Monaco 賭場裡與他對賭的辣妹，舊愛新歡對決，點燃了爆炸行銷引信。

美國娛樂界名媛金·卡達夏（Kim Kardashian）也是 Armand de Brignac 粉絲，還曾留下金句：If I'm going to spend money on anything, I want "that" Champagne!（如果要隨心所欲亂花錢，我要「那款」香檳！）事實勝於雄辯，2011 年，她與籃球巨星克里斯·哈弗里斯（Kris Humphries）的婚禮上，即以此款香檳招待嘉賓。

這波香檳炫富之風也燒到亞洲，韓國知名導演林常樹 2012 年一部揭露上流社會糜爛生活的電影作品《慾望豪門》（The Taste Of Money），亦出現了 Armand de Brignac 閃亮身影。

有趣的是，Midas 係指希臘神話裡的米達斯王（King Midas），傳說他擁有一根太陽神阿波羅所賜金手指，能將點到的任何東西變成黃金。而 Melchizedec 酒瓶之名源自 Melchisedech，希伯來文原意「正義之王」，聖經《創世紀》記載 Melchisedech 是「撒冷」（Salem，意為「和平」，許多學者都將「撒冷」視為是後來的耶路撒冷）之地的領導者，因此亦稱「和平之王」，並將此頭銜應用在耶穌基督身上。

雖然法國總統府後來發出簡短新聞稿闢謠，說明三十公升 13 萬歐元的 le Melchizedec 瓶 Armand de Brignac Midas 並非事實，但卻未再多做解釋，反更引人浮想。

我聯想法國知名作家貝爾納．畢佛（Bernard Pivot）之名言：L'etiquette temoigne du gout artistique du proprietaire et du negociant.（酒標見證酒莊主人或經銷商的藝術品味。）那麼，2017 年 7 月法國流傳「總統友宴上的黑桃 A 香檳」謠言，似乎也反映了某些法國人對於美國總統品味的刻板印象？

蓮的心事

「處暑」已臻，夏天接近尾聲，雖有微薄醞釀秋意，但炎熱有時格外狠辣，「秋老虎，狠似虎」，此時最重要就是靜心，不可因外界天氣變化而亂了心境，所謂「心靜自然涼」。如何靜心？《離騷》吟曰：「朝飲木蘭之墜露兮，夕餐秋菊之落英」，餐花飲露適值時節。

譬如，現在正是台灣花東縱谷的金針花盛產季，滿山金黃花朵在翠綠山野中特別顯眼，像是台東的太麻里、花蓮富里六十石山、玉里赤科山，金針花海已成為熱門觀光景點。若把「爭秋奪暑」喻為自然流轉之役，那麼欣賞，乃至品嘗金針花料理，彷彿呼應了毛澤東知名詩句「戰地黃花分外香」。

應景的還有台灣東部盛產的洛神花，或者苗栗杭菊花、彰化茉莉花、屏東玫瑰花，以及台南白河的蓮花。茉莉、玫瑰常製成花茶；洛神、杭菊則可以自成飲品；蓮花茶其實不常見，更不常見的是乾蓮花煲湯，怯濕散熱，最是應景藥膳，宋代重要醫書《證類本草》這麼說：「（蓮）花，鎮心，益顏色，入香尤佳。」

2017 年 12 月 14 日辭世的台灣詩人余光中愛蓮出名，甚至出版專書《蓮的聯想》（2007），曾夫子自道：「對我而言，蓮的小名應為水仙，水生的花沒有比它更為飄逸，更富靈氣的了。一花一世界；沒有什麼花比蓮更自成世界的了。……蓮是美，愛，和神的綜合象徵。

蓮的美是不容否認的。美國畫家佛瑞塞（John Frazer）有一次對我說：『來台灣以前，我只聽說過蓮。現在真見到了，此我想像的更美。』玫瑰的美也是不容否認的，但它燃燒著西方的朗爽，似乎在說：Look at me ！蓮只赧然低語：Don't Stare, please.」

僅止凝視都讓人自慚，「可遠觀而不可褻玩焉」的蓮花，怎能拿來吃呢？但西方自古就有食蓮神話。

古希臘最重要史詩之一《奧德賽》（Odyssey），卷首即描述地中海以南非洲食蓮人（Lotophagi）之國。英國桂冠詩人丁尼生（Lord Alfred Tennyson, 1809-1892）依此傳說創作了傳世詩作合唱曲〈The Lotus-Eaters〉。據說食蓮可讓人知足而忘憂，一寐千年，躲避兵燹，並永不願再歸鄉里。可惜有學者焚琴煮鶴地考證：神話中 Lotus 只是今日北非的一種開花果樹，名為 Date-plum（古希臘語稱 Dios pyros，即「諸神之果」，中文俗名「豆柿」或「君遷子」），其花白中帶紅，其果黃色甘味，並非東方所謂之蓮。

東方的蓮，無論「雨裛紅蕖冉冉香」，或「門外野風開白蓮」，都帶有一種自開花、暗飄香之孤獨氣質。讓人聯想詩人席慕蓉〈蓮的心事〉：

「我

是一朵盛開的夏蓮

多希望

你能看見現在的我

風霜還不曾來侵蝕

秋雨還未滴落

青澀的季節又已離我遠去

我已亭亭」

奈何人生總是事與願違，

「無緣的你啊

不是來得太早

就是

太遲」

總遲到早退的我們，恐只能以風乾蓮花煲湯，重溫錯過的美好，藉以鎮心，靜靜度過爭秋奪暑夏季之末。

水蓮與中正

在台灣，「水蓮」是一種主要產於高雄美濃的特色蔬菜，因為與中華民國第十、十一（2000-2008）正副總統陳水扁、呂秀蓮名字中各一字嵌合，好事者稱之為「總統菜」，因此從本世紀開始漸漸頗有些名氣。

水蓮身世其實淵源久遠，最早可回溯至三千年前的《詩經》。《詩經．關雎》詠嘆：「關關雎鳩，在河之洲。窈窕淑女，君子好逑。參差荇菜，左右流之。窈窕淑女，寤寐求之。」原來水蓮學名「龍骨瓣莕菜」（拉丁名 Nymphoides hydrophylla），而「荇菜」即「莕菜」，野生水蓮細緻輕柔，延長參差，隨波搖曳，猶如美人青絲——最美的倩影竟是迎風背影，窈窕淑女，微風輕拂長髮，引人浮想聯翩，求之不得，寤寐思服。

美麗獨特的蔬菜原稱「野蓮」，係一種野菜，生長在美濃地標「中正湖」（舊稱「中圳埤」，名字來自於國民黨總裁，同時是中華民國行憲後第一、二、三、四、五任總統蔣中正，即蔣介石。2016年8月「順應民意」再改名為「美濃湖」。），當年美濃居民想吃隨時入湖摘採，沒人在乎。大概在上個世紀末，居民鍾華振自中正湖取種培育野蓮，才開始商業種植，並更名「水蓮」。如今美濃一年生產近三千公噸水蓮，產值約三億台幣。

說來有趣，這款與民進黨首度在台灣取得政權的正副總統陳水扁、呂秀蓮同名的地方特色菜，居然源於以國民黨總裁與唯一實際同時統治台海兩岸之總統命名的湖泊中，台灣的歷史，即使從微末之處，也可以觀察到令人失笑的尷尬與反諷。

但種植水蓮並不容易。一開始得先整地、打田，蓮苗冒芽後就要得依生長高度放水，水的高度到達膝蓋則須放魚，靠鯉科的鯽魚、草魚、鯉魚、烏鰡，或者吳郭魚（港人稱「福壽魚」）吃掉池中的水草和浮萍，讓水蓮能順利行光合作用，並藉魚消滅水蓮的重要天敵福壽螺。

這裡又要多說幾句題外話：吳郭魚在台灣俗稱「總統魚」，據說因為蔣中正總統喜歡吃而得名。「老總統魚」為「新水蓮」除草滅蟲，這筆帳，真不知道該怎麼算？

水蓮雖野，對生長環境的要求卻也嚴苛，必須在乾淨水源中才長得好，而美濃當地係含鐵質高的黃土，打土太淺，出水混濁，因此水蓮農夫都得深鑿超過三公尺引清澈地下水來種植。

水有多深，水蓮就有多長。一般採收的水蓮多在九十到一百公分長，種得好的甚至長達一百五十公分，即使高個子女性，也屬過腰及膝超長髮了。

水蓮最大特色在於爽脆口感，美濃地方菜式以炒為主，以大蒜清炒，或是炒薑絲、炒豆瓣醬、炒醃鳳梨或炒味噌，最能吃出水蓮之鮮。

不過為了配合炒鍋操作或上桌盛盤，或方便挾食，料理時原本「以長為美」的水蓮，總被切成短段，固然滿足口腹之慾，卻失去了參差綿長之美感與韻味。寤寐求之的，是味覺還是視覺？世間安得雙全法，猶如水蓮與中正。

處暑談烤鴨外交

處暑養生，講究清肺健脾潤燥，鴨肉味甘性涼養陰，是應景美食，據說北京每年這時節「處暑百合鴨」都會熱賣。自己對百合鴨湯其實並不熟悉，倒是北京烤鴨之名如雷貫耳，並且因此居然聯想到了周恩來。

史學家唐德剛（1920-2009）曾蓋棺論定，近代中國只有兩個半外交家，一是清末李鴻章，「半」是國民政府顧維鈞；另一則是中華人民共和國第一任總理兼第一任外交部長周恩來。周恩來在外交上不拘一格，人稱他在正式外交之外，還有四大軟外交：熊貓外交、乒乓外交、烤鴨外交與茅台外交。其中，往往混在一起談的後兩者係其獨創。

這位外交家對烤鴨情有所鍾。根據歷史檔案，周恩來在北京全聚德正式宴請外賓共達 27 次，當然每次品嘗烤鴨，搭配的都是「國酒」茅台。但是偶爾我會想，曾經留學法國的周恩來，應該見識過法國鴨肉料理的多樣與美好，以及與葡萄酒之相映成趣，他有沒有想過以西方葡萄酒來搭配中式烤鴨呢？

也許在周恩來的時代，「中西合璧」恐未必符合政治正確風向，但二十一世紀台灣，追求美食美酒倒是百無禁忌。

台北好烤鴨還真不少，倒是吃法卻得提醒：現代人怕肥，總喜歡讓服務人員片鴨時將鴨皮與鴨肉分離，去除皮下油脂。但這樣卻錯過了烤鴨最精采的滋味：鴨的皮下脂肪多，但肉質卻乾硬結實，只吃皮或只吃肉都太單一，連皮帶肉夾油地片下來，其實才是最完美也最均衡的吃法。

油膩口感可藉葡萄酒單寧來調節。釀酒葡萄中單寧最高的四個品種係 Nebbiolo（內比奧羅）、Tannat（塔納）、Syrah（希哈）、Cabernet Sauvignon（卡本內・蘇維濃），將這四種葡萄字首合起來便是 NTSC，在數位電視之前，台灣使用的電視系統就是 NTSC，很容易記。S 與 C 相對常見，建議搭配 N 與 T。

其實在法國，搭配鴨肉之經典配酒就是西南部出產的馬第宏（Madiran）紅酒，係以塔納葡萄為主，粗獷強勁的地方酒款。我選了 Château Bouscasse 名莊，它以 65% 塔納，搭配 25% 卡本內・蘇維濃與 10% 卡本內・法蘭克（Cabernet Franc）釀成，厚重中還見深沉變化，正可以與烤鴨特色呼應。

至於內比奧羅，義大利單一葡萄釀造之 La Spinetta Langhe Nebbiolo 是項好選擇。強烈澀味與撲鼻單寧並不適合單飲，但遇上膩到滴油的整片烤鴨，不但葡萄酒變得柔順，鴨肉香更為濃郁，還激盪出一加一大於二的雋永「旨味」（日文漢字，讀 Umami）。

能夠領略旨味之美，就是欣賞烤鴨與葡萄酒相得益彰的最高境界，而說不定已成歷史的「烤鴨外交」，因此還可以有新的時代意義。

以管窺天

以管窺天？此處「管」指的是「鎖管」：每年六至八月是台灣鎖管盛產季節，從外洋洄游至彭佳嶼周邊海域的鎖管數量高得驚人，成為北部基隆漁民重要收穫之一。2005 年起市政府開始辦理「基隆鎖管季」活動，以「南鮪魚，北鎖管」口號吸引遊客，希望能與屏東知名「鮪魚季」相互映輝，帶動觀光並活絡漁業與餐飲業。八月已近尾聲，朋友邀我「食菜尾」。

「鎖管」分類上屬於頭足綱管魷目／閉眼亞目之鎖管科（Loliginidae，又稱槍魷科），「鎖」字由來係因「閉眼亞目」眼睛覆蓋透明薄膜，「管」則源於身體造型。雖然管魷目成員一般泛稱為魷魚，鎖管屬於其中一科，然而台灣通常不以魷魚稱之，而習慣將各種鎖管幼體喚為「小管」或「小卷」，成體則曰「中卷」或「透抽」。

鎖管季活動並不多元，仍以海鮮美食為主。我們品嘗了白灼小卷、三杯小卷小吃，以及經典菜式「小卷米粉」，嘗了不少，印象卻不深刻，但總勝在新鮮、價廉。

翌日我和另一群朋友在台北一家高級義大利餐廳晚餐，看到菜單上有「蒜燒透抽」，反射性地點了這道菜。義式透抽出乎意料地驚艷，視覺美感無懈可擊，香氣與味道、口感都讓人讚嘆，於是餐後特別請主廚親臨前場，接受我們的致敬。

自己想當然爾桌上透抽來自基隆，義大利廚師卻有點尷尬地否認了。透抽竟從日本九州進口，而且是舉世知名的高級鎖管「壹岐劍」。

為什麼要捨近求遠呢？廚師娓娓解釋。

原來鎖管在台灣的網撈方式，多為先以聚魚燈集魚，再逐步收攏光源將魚群引導到撐開網具內的「棒受網」，或是更粗暴的「拖網」，捕獲量雖然大，卻因網撈過程容易導致鎖管皮膜割傷破壞，且台灣漁船冰存方式係將魚穫直接埋置大量冰塊中保鮮，這些過程細節都使得鎖管外形與鮮甜度嚴重受損。

相對地，日本九州漁夫選擇以手釣方式捕捉鎖管，並以專家特殊設計的容器保存生鮮鎖管，基本上不讓鎖管直接與冰接觸，一方面避免活鎖管受溫度刺激噴墨衰竭，確保品質；另一方面也防止皮膜細胞受損，維護外觀賣相；藉此打造出價格昂貴卻供不應求的「壹岐劍」品牌。

令幾位台北老饕由衷鼓掌、由義大利廚師料理、來自日本「壹岐劍」蒜燒透抽，對照基隆鎖管季價廉物差可之小卷小吃，美食世界Less is More、少更勝多的論點赫然浮現。

台灣已經出現「過漁」、嚴重濫捕以至於漁業資源開始枯竭的警訊。我們是不是該改變漁撈方式？是不是該學習尊重每一條魚，更謹慎與妥善地對待處理每一條魚穫？以最高敬意料理？

也許連飲食態度都該改變？當每一季都提供大量廉價鎖管無所節制暴食之慣性繼續下去，台灣海鮮文化未來似乎正被我們預支殆盡？

誰的烤布蕾？

個人最喜歡的法式甜點之一 Crème brûlée，台灣多以音譯新詞「烤布蕾」喚之，英文常用法文原名，有時亦作 Burnt cream，是一種以鮮奶油與蛋黃所調製的紮實內餡為底，加上大量糖漿，並在上桌前以噴槍火烤表面以創造出一層薄薄硬脆焦糖之獨特點心，也因此它的法文別名作「焦糖奶油」（Crème caramelisée）。

這款甜點在中文世界裡也常叫作「法式燉蛋」或「焦糖布丁」，這種取名從修辭學的觀點來分析其實就是「譬喻法」：以「已知」來形容「未知」，或是以「既有」來描述「新有」，但最大的問題在於容易造成誤解。

稍進一步瞭解，烤布蕾外觀也許真有幾分像是燉蛋，不過它的做法是在烤箱低中溫烘烤，或以水浴法蒸烤，與「燉」無涉；而「布丁」源自英語 Pudding，意譯可為「奶凍」，泛指由漿狀材料凝結成近固體狀食品，常見作法包括焗、蒸、燉、煮、烤等，是一個非常廣義的詞。尤其英式料理中常見鹹布丁，例如 Yorkshire pudding，或是亨利八世的最愛 Black pudding，和 Crème brûlée 南轅北轍。想想「烤布蕾」的中譯名最好。

烤布蕾源頭眾說紛紜，但它確實與法國南部與西班牙北部交界加泰隆尼亞地區的一款以厚重焦糖奶油與玉米粉做成的，約從十七世紀開始流傳之夏季聖約翰節傳統點心「加泰隆尼亞烤奶油」（Crème catalane〉非常近似。一些飲食史學者認為，這道甜點是在西班牙佔領現今比利時北部法蘭德斯（Flandre）地區時所一併帶來的影響之一，後來再從法蘭德流傳到法國來，但雖然近似，「加泰隆尼亞烤奶油」卻並沒有焦糖表面的戲劇性效果。

葡萄牙另有一款名為 Leite crème 歷史悠久的老式甜點，同樣沒有焦糖表面效果的烤布蕾；而馳名世界的葡式蛋撻，不就是套了麵皮酥盒的烤布蕾？

第一部記載烤布蕾的文獻，是法國御廚馬西阿羅（François Massialot, 1660-1733）出版於 1691 年的《皇家與布爾喬亞的新菜譜》（Nouveau cuisinier royal et bourgeois）書中。英國則是大約是在十八世紀初期出現名叫「三位一體奶油」（Trinity cream）或「劍橋烤奶油」（Cambridge burnt cream）的類似甜點，但非常弔詭的是，在 1731 年的《皇家與布爾喬亞的新菜譜》修訂版中，卻居然將烤布蕾的法文名字由 Crème brûlée 改為 Crème anglaise（英式奶油），彷彿將烤布雷的創始地位拱手讓給了英國人。一直到今天，西班牙（特別是加泰隆尼亞地區）、葡萄牙、英國與法國依然對於誰發明烤布蕾這個問題爭論不休，也算是歐洲特色。

但歷史從不等人，在烤布蕾基本原型之上，這道經典甜點出現許多創意變化，最常見的是加入香草調味，或是加入柑橘類果皮以增加風味，這都已經算是傳統的了。可能調味還有巧克力、咖啡、紅茶、綠茶，各式甜酒或烈酒，以及各式水果。某些具有現代精神的餐廳，也推出以豆漿或椰奶製作的全素烤布蕾，以造福素食者或對於牛奶過敏的老饕。誰的烤布蕾？ Who cares ？

台北的文思豆腐

作家焦桐邀一幫朋友到台北金山南路老牌川揚飯店「銀翼」餐敘，一落座就覺得氣氛有異，服務員們個個一臉嚴肅，抿緊嘴唇，戰戰兢兢，如臨大考，與台灣美食文學教主一起用餐果然特別。當「文思豆腐」名菜上桌時，自己終於忍不住開口向焦桐抱怨：為什麼每次跟你吃飯，東西都變得不一樣了？

這話與其說是抱怨，毋寧更是艷羡。餐牌上常設菜式，我也在銀翼嘗過多回的文思豆腐，居然與過去經驗迥異。刀工當然一樣精細，千絲萬縷，這本是此菜特色，也是銀翼廚師的強項。但呈現方式大不相同：湯是清清如水，沒有雜七雜八肉末、蛋絲、黑木耳，尤其少了異香撲鼻、濃綠惹眼，每次見到總讓我想起孔老夫子「惡紫之奪朱也」名言的芫荽香菜，讓人額手稱慶。

湯係多種蔬果熬煮、過濾澄清之純素，帶有雅致幽甜，溫柔暗香；碗則是黑色仿真天目碗，正與豆腐黑白相映；剛剛離鍋正熱著的湯帶動幼細如髮的豆腐絲輕輕翻滾，竟有幾分曹植名句「文若春華，思若湧泉」之意境。色香味觸俱臻上乘，儼然比京都南禪寺順正著名的湯豆腐更有禪味——顯然，這種巨大變化是因為焦桐。

不過焦桐未必一味復古。

首先，依清代筆記《揚州畫舫錄》記載，僧人文思「工詩，善識人。有鑒虛、惠明之風。……又善為豆腐羹甜漿粥，至今效其法者為之文思豆腐。」其中提到的兩位和尚，唐朝鑒虛、宋朝惠明，都是不忌葷腥且善庖廚的名僧，世有「鑒虛煮羊脾，惠明炙豬肉」雅傳，既曰「有鑒虛、惠明之風」，最早的文思豆腐很可能葷素雜煮，同塵和光，並非齋菜，當然也不強調清純。

尤其許多人認為豆腐的特色及在於海納百川，林海音（1918-2001），寫〈豆腐頌〉，稱「豆腐可和各種鮮艷的顏色、奇異的香味相配合，能使櫻桃更紅，木耳更黑，菠菜更綠。它和火腿、鱔魚、竹筍、蘑菇、牛尾、羊雜、雞血、豬腦等沒有不結緣的。當你忙碌或食欲不振的時候，做一味香椿拌豆腐，或是皮蛋拌豆腐、小蔥拌豆腐佐餐，都十分可口。時間允許，做一味麻辣燙三者兼備的好麻婆豆腐，或煎得兩面焦黃的家常豆腐，或毛豆燒豆腐，綠的碧綠，白的潔白，只顏色就令人醉倒了。……它像孫大聖，七十二變，卻傲然保持著本體。」

作家孟瑤（1919-2000）則說豆腐：「它可以和各種佳肴同烹，吸收眾長，集美味於一身；它也可以自成一格，卻更具有一種令人難忘的吸引力。」

可惜在絕大部分時候，我們所認識的豆腐多以「吸收眾長」姿態出現，所謂「自成一格」，竟漸漸流於「話頭禪」而不可得。著有《蔬果歲時記》的焦桐，深信「飲食文化越深刻的地方，越熱愛蔬菜」，以素淨、極簡、禪意、雅化、深刻等新價值重建細緻湯豆腐，「要知水味孰冷暖，始信夢時非幻妄」，居然開創了文思豆腐如夢似真清純新風格。

林海音曾有名言「有中國人的地方就有豆腐」，但，我們可以自豪地說，台北的文思豆腐可並不一樣。

白露太平燕

適逢「白露」節氣，中國大陸北方入夜明顯降溫，常有厚重凝露，所謂「水土濕氣凝而為露，秋屬金，金色白，白者露之色，而氣始寒也。」典型秋天氣候正式來臨。《詩經》名句:「蒹葭蒼蒼，白露為霜。」吟唱的大概就是這個時節景致。

《禮記・月令》描述白露物候：「盲風至，鴻雁來，玄鳥歸，群鳥養羞。」

盲風，北風也；鴻雁，鴻為大，雁為小，係不同的兩種候鳥，此時自北往南避寒；玄鳥即燕子，亦屬候鳥，卻自南往北反向而行；至於其他的留鳥，則開始儲糧準備過冬。

然而在亞熱帶台灣，以上古人文句只能遙想神遊，卻不切實際。此地雖下了幾場雨，暑氣仍重，秋露難睹。更別說是鴻雁，過度都市化之後，連燕子都很稀罕了。

白露不見燕子，我卻因此聯想到有名「扁肉燕」小吃而饞意頓生。

扁肉燕，簡稱「肉燕」，公認是福建特產，尤其在福州，流傳有「無燕不成宴」、「鞭炮一響，肉燕上來」、「扁肉燕，吃不厭」等許多順口溜。肉燕形似餛飩，卻並非以麵皮包肉，而係以名為「燕皮」的肉皮包肉。

燕皮是功夫料理，先將新鮮豬肉反覆搥打成泥，混合番薯粉後再用手不斷摔打延展，最後以桿棍桿出薄皮。燕皮之內包入同樣是手打的肉餡，即成原料單一但口感多層、味道複雜變化的肉燕了。因為製程耗時費工，原本僅見於「食不厭精，膾不厭細」官宦世家上層社會，後來風水輪流轉，發展為巷弄小吃，彷彿「舊時王謝堂前燕，飛入尋常百姓家」之滄桑。

肉燕之名前頭常加「扁」字，係因中國南方多以「扁食」稱餛飩，台語亦採此名。其實北方有時亦稱餃子為扁食，有野史煞有其事考據蒙古語餃子作「Бууз」（buuz），音近「扁食」，元代開始在在中原流傳，延續至今。雖未必能盡信，卻是茶餘飯後好話頭。

太平燕則是福州吃法，肉燕湯中加入去殼熟鴨蛋一起食用，「蛋」者「卵」也，「鴨」與「壓」諧音，「鴨卵」近乎「壓亂」，取的是天下太平口采。

日本九州熊本有名物「太平燕」（タイピーエン），據說是明治時期福州移民傳來。不過因為日本人不太吃鴨蛋，熊本太平燕故而改採攤煎雞蛋；另因肉燕製作工藝複雜，竟大翻轉以粉絲代替，構成以粉絲、蝦仁、花枝、竹筍、木耳、白菜、嫩豆莢、豬肉片與虎皮蛋（煎雞蛋）繽紛組合之變形料理。這道感覺上像是大鍋菜湯似的大雜燴，若非還保存「太平燕」名字，幾乎完全不見源頭痕跡。

台灣多以「燕餃」稱肉燕，是火鍋基本元素，常還包括蛋皮「蛋餃」、魚漿餡「魚餃」，再加上牛豬肉片、青菜白菜、竹筍木耳、蝦仁花枝，以及同樣必備的粉絲，煮成一鍋，居然更接近日式太平燕雜燴吃法。

飲食史作為小歷史，其實非常有意思。

尼罕寧默哈庫它

有朋友堅持「人生苦短，只喝名酒」哲學，享盡美酒美食，要我給個建議嘗鮮。雖未必新穎，但我倒真心推薦法國波爾多聖愛美濃（Saint Emilion）產區偉大酒莊白馬堡（Château Cheval Blanc）。

白馬堡最受矚目之特色，係以大約 60% 卡本內・法蘭克（Cabernet Franc）葡萄調配次要的梅洛（Merlot）以及少量其他品種釀成，此一做法，係波爾多古典名酒中唯一僅見。事實上，卡本內・法蘭克在波爾多釀酒傳統中始終處於配角地位，除了烘托主角功能之外，也忠實擔負著增加層次變化近乎「龍套」之責。

平心而論，介於緊緻紮實卡本內・蘇維儂（Cabernet Sauvignon）與豐厚圓潤梅洛兩個風格突顯、各處極端的主要葡萄品種之間，卡本內・法蘭克謹守中庸的本質很容易讓人低估，往往因此顯得尷尬：它和卡本內・蘇維儂比起來顏色較淡，酸味較低，單寧也較弱；卻又不如梅洛豐腴肥美，也沒有撲鼻濃郁果香；在這個講求第一眼就要給人深刻印象的時代，允執厥中、無意媚俗走自己的路，很不容易。

這款名酒要配什麼名菜呢？台北天廚餐廳有個拗口名字的滿州功夫菜「尼罕寧默哈庫它」，乃極佳選擇。

「尼罕寧默哈庫它」是滿名，翻譯成漢語就是「牛肚燒魚肚」，此「魚肚」，非望文生義魚肚肉，而是魚膘，也就是「花膠」。牛肚韌實，得先燙一下去羶，再以秘製中藥滷包慢火燉至軟爛；魚肚鬆軟，則必須先油炸定型，續以冷水泡發，短短以滷汁煨個十分鐘，盛起來與牛肚一起上桌。牛肚為主，魚肚為輔，火候剛好，穠纖合度，肉香不致過濃，魚香也不嫌太淡，還多了中草藥獨特香氣，原本的鄉野小菜居然堂堂正正成為一道上得了檯盤的高級料理。這道菜的出身、製程，以及在名菜中之地位，彷彿正好與白馬堡相互呼應。尤其白馬堡品嘗到中段時候，尋常漿果芬芳中竟會汩汩流出葡萄酒中罕有、類似青椒的異香，酒菜和鳴之美竟又提升到一層新境界。

然而白馬堡到底是第一等葡萄酒，名氣響亮，一出場就搶盡鋒芒，「尼罕寧默哈庫它」只能是配菜。若是想菜主酒從，不妨試試法國羅亞爾（Loire）河谷地以卡本內．法蘭克單一葡萄釀製的布爾格伊（Bourgueil）。

羅亞爾河谷地自古就以優雅法國生活文化而聞名，其中孕育的葡萄酒，呈現的竟是簡單大方，平和中庸。選了一款 Bourgueil Philippe de Valois，單寧柔順、酸度不高、黑醋栗果香有特色卻不搶戲，接近石墨的礦石味道搭配牛肚魚肚之鮮美顯得自然順口。原來貴族未必都矯揉做作，強扮高深；親民、隨合、謙虛與自然而然的單純，其實更顯包容與大氣。

而 Bourgueil Philippe de Valois 果香之外的青澀口感，帶著近乎花椒芽的撲鼻草香，居然隱晦烘托出「尼罕寧默哈庫它」腥羶原味與這道滿州名菜的草根源頭；當初，強悍的滿州人不是從草原上呼嘯席捲

東方侘寂美茶

台灣作家焦桐寫東方美人茶：「世事多不完滿，人生亦多缺憾，美好與否端視我們如何對應。小綠葉蟬則個頭很小，它把鋸齒狀的觸鬚扎進葉子，吸收養分卻不吞噬葉子，其分泌物在陽光照射下，產生酵素，令嫩葉無法進行正常的光合作用，發育受阻，顏色變成金黃。茶園為了吸引小綠葉蟬群聚，絕對不能噴灑任何農藥，乃是標準的有機烏龍茶，是烏龍茶最高級的形式。」

因此焦桐感嘆道：「當初若非小綠葉蟬之著涎，則無東方美人茶；著涎的茶葉本來是缺陷，卻變成東方美人的靈魂。大抵好物多瑕疵，缺陷往往存在著深刻的內涵。」

這樣的文字，與其說是談茶，毋寧近乎議論人生。

東方美人茶的確常被議論，譬如它的名字。野史相傳曾有茶商將此茶呈獻英國女王，由於沖泡後茶色鮮紅亮麗，猶如絕色美人，故獲女王賜名。焦桐卻直言駁斥：「這故事很無稽，完全不可信；卻相當美麗，流露自我東方化的浪漫想像。」

說是「想像」，更像「假想」。藝術家陳丹青（1953-）曾闡釋「想像」與「假想」之不同：所謂「想像」，係「自己是主體，然後從容接受外來的種種新事物新觀念」；至於「假想」，「就是你仿效的對象，你想成為的角色，其實不是這樣，可你以為是這樣。」因此，許多深諳茶中三昧的外國人喜歡以 Dongfang Meiren 音譯稱之，而不用帶有歧視貶義的 Oriental Beauty。唉，這名字，總讓人聯想中國作家沙葉新 1979 年電影劇本舊作《假如我是真的》。

其實東方美人茶「瑕疵卻深刻」矛盾之美，可以以日本美學「侘」（Wabi）或「侘寂」（Wabi-Sabi）來形容。

有朋友以陶瓷器的「金繕修復」（Kingtsugi）解釋「侘寂」：將破裂的美好器皿，以漆黏復後並在接縫處用黃金細細修補，最後留下本來就應該有的歷史痕跡，最後器物被修復了，卻也誕生一件獨特的全新作品，美麗器物已和之前有點不一樣的方式復活。

這個我懂。我回憶起在法國開始工作之後，拿到第一筆薪水，買了一件昂貴的名牌外套，愛得不得了，珍惜得不得了。有一次，穿這件外套與一位法國長輩在中國餐廳用餐，不小心滴了一滴醬油在新外套袖口上，我心痛極了，忙不迭拿濕毛巾擦拭，手忙腳亂處理，終還是留下淡淡污漬。等懊惱之情稍稍平復了一點，那位長輩突然舉杯向我道賀：「恭喜，你終於真正擁有這件外套了。」

「什麼？」這是反諷嗎？

法國人說明：「當你這麼在乎這件外套，而它又真的這麼完美的時候，捧在手上怕摔了，含在嘴裡怕化了，簡直就是供著拿來膜拜，這不是真實人生。至少，你們並不是平等的。並不是你在穿衣服，而是衣服穿你。我的眼中根本看不到穿衣服的那個『人』。」

「現在，衣服有了一點點缺陷，你反而解放了，因為它不再那麼完美，從供桌跌落塵世，返到衣服的本分。你可以正常的、以它應得的態度對待它，平等了，一滴醬油讓穿衣服的那個『人』回來了，你終於真正擁有這件外套，恭喜。」

這段對話對於當年的我是一種文化震撼，也是一種啟蒙，開啟我以另一種面對藝術、面對生活，以及面對生命。

日本禪宗學者鈴木大拙（1870-1966）的話語則有些玄妙：「侘」，雖然看起來是缺點、缺陷，但並非如此。它是以不完全的形象當作完全，事實上一般所謂的美，也未必僅是完美形態。從不完全甚至是醜的形象中體現美，這就是日本美術所展現之精微，而將不完全的美伴以衰殘或原始性格，就開始出現更深刻的「寂」。

而日本美術家岡倉天心（1863-1913）以英文寫《The Book of Tea》（茶之書），談茶也議論人生，曾感嘆：True beauty could be discovered only by one who mentally complete the incomplete.（真美，只有心靈完成『不完全』之人才能發現。）——因此我以為東方美人茶之所以美，正在於提醒我們反躬欣賞深刻的侘寂之美。

世界第一等

文章標題借的是台灣歌手伍佰 1997 年創作的台語歌曲〈世界第一等〉典故，我想用來描述年輕的台中埔里威石東酒莊所釀出之氣泡葡萄酒。

世界第一等？請不要那麼快就責備狂妄，請，聽我解釋。

亞熱帶台灣並不座落在南北緯 30–50 度、氣溫攝氏 10–20 度葡萄酒黃金帶上，孕釀高級葡萄酒緣木求魚，但具規模地生產葡萄酒之歷史，居然也將近百年？

台灣葡萄釀酒之開端發源於日治時期（1895-1945）：1920 年代日本經營台灣「入不敷出」，積極開闢財源，其中一項就是「賣酒」。由於釀造日本國酒清酒有消耗糧食之虞，台灣總督府轉而研發生產葡萄酒，並於 1922 年列為「專賣」。加烈釀造之「赤玉紅酒」Akadama Sweet Red Wine 就是在如此背景下引進台灣，並曾在本地搜購各種葡萄混釀製酒。

不過一直要到日本「釀酒葡萄之父」川上善兵衛（1868-1944）1927 培育出釀酒葡萄黑后（Black Queen）後，才算有屬於東亞認同的專有品種。

戰後「台灣省菸酒公賣局」為生產葡萄酒，獎勵果農種植，選用

Niagara（尼亞加拉白葡萄）及 Muscat Bailey A（貝利 A 紅葡萄），在新竹、苗栗、后里一帶推廣栽培。1957 年正式與果農契約生產，公賣局並委託台灣大學進行品種試驗，將白酒品種改為金香（Golden Muscat）、紅酒品種黑后，栽培地點則轉移到后里、新社、二林等中部地區，鼎盛時期釀酒葡萄栽培面積曾高達 5200 公頃。但因為品質一直無法提升，1987 年台灣開放葡萄酒進口，本地葡萄酒銷量即大幅滑落；1996 年政府停止補助收購葡萄至今，台灣釀酒葡萄產地僅存約 60 公頃。地景的改變很冷酷地標示一個時代之逝去。

誰不愛鄉土？但釀不出好葡萄酒，只因本地自然條件確實不適合。

舉例而言，葡萄為溫帶果樹，生長過程中，每年必須經歷適當低溫休眠時數，才能正常發芽與開花結果。在台灣沒有冬眠期，故須施用 2-Chloroethanol 之類催芽劑，才能讓葡萄均衡穩定萌芽。

自然環境已如此悲觀，葡萄品種甚至更糟，目前台灣釀酒主要乃金香與黑后，均係混有美洲種葡萄的人工雜交種，而非品質較佳、全球高級葡萄酒一律採用的歐洲種葡萄。除了能適應本地特有環境外，這兩款毫無國際知名度的品種幾乎沒有優點，引用台灣知名酒評家林裕森論點：金香酸低帶狐狸味，黑后酸高粗獷多草味，都是釀造精緻白酒與紅酒的致命傷。

但成立於 2012 年的威石東酒莊起心動念，運用香檳瓶中二次發酵技法，以及長達 18 個月之泡渣歷程，不但培養出細緻綿密氣泡，「白中之白」（Blanc de Blancs）氣泡酒更將「狐狸味」轉為熱帶果香，「黑中之灰」（Gris de Noirs）粉紅氣泡酒則將粗獷草味昇華成香草與紅色漿果香，品質之高，竟從絕望深處生成希望，一種有勇氣偷偷低聲哼唱「世界第一等」的希望。

這是因為純正心念而絕處逢生之美好生活方向。如同美國人本主義學者卡爾・羅杰斯（Carl Rogers, 1902-1987）名言：The good life is a process, not a state of being. It is a direction, not a destination.（美好生活係一個過程・而非一種狀態。它是一個方向，而非一個目的地。）

我願做個碗兒

赴台北市政府洽公，中午順便在辦公大樓地下街自助餐廳用餐。食物如預期一般般，印象深刻的是餐具竟一律不銹鋼製。原來醫生出身的市長柯文哲下令禁用遇熱可能分泌有害化學物質的「美耐皿」（Melamine resin，又俗稱「仿磁」或「科學磁」），並從自身做起在市政府全面改用不銹鋼餐具示範。這的確是一種進步。

但我總希望還能更進一步，譬如菜飯長於土、陶瓷亦成於土，能否採用雖然會破、卻更具質感的陶瓷餐具呢？

這種希望係延續已故台灣建築學者漢寶德（1934-2014）之倡議，他曾盼年輕人靜下心來，從生活小處著手，「美要從欣賞茶杯開始」。茶杯原僅止於一個容器的需要，但從喜歡茶杯開始，進而喜歡陶瓷藝術，而當「選了一個很美的茶杯」後，我們就在美化人生路徑上邁出了第一步。

清代詩人袁枚（1716-1797）《隨園食單》歷歷寫道：「古語云：『美食不如美器。』斯語是也。然宣、成、嘉、萬窯器太貴，頗愁傷損；不如竟用御窯，已覺雅麗。惟是宜碗者碗，宜盤者盤；宜大者大，宜小者小，參錯其間，方覺生色。若板板於十碗八盤之說，便嫌笨俗。大抵物貴者器宜大，物賤者器宜小；煎炒宜盤，煨煮宜碗；煎炒宜鐵鍋，煨煮宜砂罐。」

後來，夏曾傳（1843-1883）作《隨園食單補證》，於前引文句之後加註：「在山西時，見陸杏坡明府家器具甚佳，皆熙、隆舊窯，大小不一，錯綜而來，殊令人有買櫝還珠之想。」

「買櫝還珠」典故出自《韓非子》，說一名楚國商人到鄭國販賣珍珠，盛裝珍珠的匣子裝飾十分華麗，於是有鄭國人買下匣子，反而把珍珠退還。大部分人使用這句成語往往是為比喻捨本逐末，取捨失當。但在袁枚、夏曾傳之前、明末清初詩人朱彝尊（1629-1709）另有妙論：「然鄭人買櫝還珠，珠固在，庸何傷。」既然與人無傷，自得其樂卻又何妨？

何況，若真能高價購得，而又買櫝還珠，應該是心有所愛了。心有所愛才能札根，無根則無境，無境則不能安生。漢寶德生前喜歡談「美的境界」，有一次跟他聊天，我說「境界」這個詞非常東方，不容易向西方人解釋，甚至不好英譯，用 space、ground、realm、prospect 都可以，卻總覺得隔了一點。漢先生答曰，都好，適當時候，「境界」英譯成 art 也不錯。一語驚醒夢中人，是啊，林語堂不是有「生活藝術」之論？如果台北市政府地下街的自助餐廳，或者台灣各處的夜市路邊攤，在將美耐皿換成不銹鋼後，進一步再提升成陶瓷餐具，並且講究生活工藝與生活美感，台灣社會也就有機會從求生存、過生活，昇華到文化生命的更高層次了。

不是說文化源自於生活，生活源自於土地，還有比陶瓷餐具更接近土地的嗎？簡單吃頓飯，過程中能不能也有機會欣賞一個也許樸拙也許精緻，總之頗有美感的陶碗瓷盤藝術？

我再聯想到台灣作家張我軍（1902-1955）的詩句：

「我願做個碗兒

日日給伊密吻

吻後還留下伊的味」

那味，應該是「買櫝還珠」生活藝術魂牽夢縈之裊裊餘味吧？

第四記 ——— 花落知多少？

《春曉》　唐・孟浩然

春眠不覺曉，
處處聞啼鳥。
夜來風雨聲，
花落知多少？

自由葡萄酒

我喜歡葡萄酒，因此愛屋及烏地喜歡法國民間流行的順口溜，說象徵法蘭西立國精神的自由、平等、博愛，並非只反映在三色國旗藍、白、紅，更可呼應葡萄酒三大族群：粉紅酒、白酒、紅酒（Rosé, Blanc, Rouge）。其中呼應自由的，是粉紅酒。

而粉紅酒，其實是紅葡萄酒最古老的原型。

早在西元前六千年左右，在黑海與裡海外高加索地區，即已有葡萄種植與葡萄酒釀造的紀錄了，而實際的起源應該更古早老。人類採擷野生葡萄榨汁時，就有機會因為野生酵母的作用意外釀成葡萄酒。其實將大部分紅葡萄剖開來，果肉都呈淡青色，和白葡萄果肉並無二致，主要差別在於前者紫紅色果皮，更明確地說，在於果皮所含色素。歷史研究指出，早期的紅葡萄酒只可能呈淡紅色，因為葡萄農通常是直接在葡萄園裡完成採收、破皮、榨汁等程序，再將葡萄汁運往作坊釀酒，既然缺了「浸皮發酵」過程，果皮色素無法大量析入酒中，當然成就不出厚重深紅，而顯粉紅。

法國人有時也稱粉紅酒作 vin gris（灰酒），在黑（紅）與白兩個端點之間的光譜遊走，可以只有很淺一絲紅暈，簡直就是白酒；也可能是顏色較淡的紅酒，例如有一種粉紅酒釀法名為「放血法」（la saignée），是為了生產濃郁紅酒特殊工法的副產品。在葡萄收成比較差的年分，釀酒師為了改善品質，會在發酵初期「放血」，從桶中排出一部分紅葡萄汁，而讓剩餘葡萄汁和更高比例葡萄皮進行更長時間浸皮，而產生更高濃度單寧與其他風味。放血排出之紅葡萄汁則以白葡萄酒釀造方式製作成顏色較深的粉紅酒，這種粉紅酒，也可說是紅酒。

我喜歡「灰酒」這個名詞，它讓我想起已逝父親的叮囑。

那是我憤怒青年時期吧？拿著黑白分明的理想量尺審度世界，非黑即白，看什麼都不順眼，看什麼都生氣。也許是太擔心了，一向不假辭色的父親在一次我們兩人獨處場合，突然嘆了一口氣，離題地跟我說：「孩子，人生不是白，也不是黑，大部分是灰色的。你成熟的程度有多大，就要看你能忍受灰色的程度有多大。」

父親極少以這麼溫柔的語氣跟我說話，因此雖然當時我並不明瞭是什麼意思，卻還是牢牢地把這段話記下來了。

長大之後，讀到法國思想家盧梭（Jean-Jacques Rousseau, 1712-1778）名句：L'homme est né libre, et partout il est dans les fers.（人生而自由，卻無往不在枷鎖之中。）瞭解理想天堂與真實人生之差別，才能以另一種心情重新咀嚼父親話語：社會價值與黑白量尺都非上帝所定，而是前人所設，這些規範既是枷鎖，卻也是社會據以立足之基礎，我們不可能每天革命，每事革命，只好學習容忍，並且享受灰色美學，灰酒，以及其中蘊含的自由的滋味。

不完全是阿Q，我覺得在不自由中追求自由有其積極的意義，如同呼應自由的粉紅酒。

法國高中會考哲學熱門考題之一，係 Peut-on être heureux sans être libre?（我們能不自由卻感到幸福嗎？）年輕的我一定回答不可能！但學會欣賞粉紅酒的現在的我，也許會有不同的答法。

平等葡萄酒

白葡萄酒所呼應的生命價值是平等。平等反映在原料的多元取材：白葡萄酒可由白葡萄譬如夏多內（Chardonnay）；表皮淡紅、果肉青白的紅葡萄如格烏茲塔明那（Gewurztraminer）；甚或是表皮黑紅、果肉青白的紅葡萄如黑皮諾（Pinot noir）釀製。只需輕榨去皮，再用沉澱法或離心法脫去微薄紅色素，即可成就外觀一視同仁的白葡萄酒。

當然也有少數例外，例如原生於喬治亞的釀酒葡萄品種薩博維（Saperavi），成熟葡萄的果皮深紫近黑，果肉則呈暗紅，拿來釀白葡萄酒就有點兒勉強了。

其實人生何處無例外？貴得適志，量力知止，每個人都不一樣。中華文化中所謂自強不息、迎難而上這一類勵志之語往往讓人錯亂，莊周夢蝶係神遊，愚公移山則是神話，當作文學作品欣賞可也，盡信勉強卻是自誤自苦。

因為每個人都不一樣。

我的心思不覺飄向遠方。大約在 1993 年吧，自己在法國的工程博士論文進度接近尾聲，為了擴展生命視野，於是再到巴黎知名的「高等社會科學院」（EHESS）註冊，從頭起修習社會學。

記得上第一堂《社會學導論》時，老師點名我這個全班唯一的亞洲學生，問了一個非常簡單的問題：「皮耶一百公尺跑 12 秒，保羅跑 15 秒，請您評論這個情境。」

我反射性地回答：「皮耶跑得比保羅快。」

老師笑了，顯然我的答案符合預期。於是他和顏悅色地糾正我說：「的確，皮耶跑得比保羅快，甚至我們也可以說皮耶的腿部肌肉比保羅強壯。但是社會學並不急著做判斷，您說的其實並非『屬性』，卻似乎來自『權力與關係』，不過既然您來修了我這門課，我衷心地希望您的答案可以是『他們倆不一樣』。」

「不一樣」？是的，就只是「不一樣」！由於這是我的第一堂社會學的文化震撼，因此牢牢地記在心底。

「不一樣」的說法看似簡單，卻代表從基督宗教傳統面對上帝之謙卑，以及 1776 年《美國獨立宣言》所揭櫫 All men are created equal. 人生而平等的基本價值。說得更白話一點，就是「人固有差異，卻無高下之分」不隨便做判斷的態度。若能將這種態度推而廣之，成為文化，就能以平等的信仰與心胸看待萬物，包括葡萄酒。

是的，葡萄酒，特別是香檳。與友人一起品嘗香檳時，我常會提醒，法國香檳產區主要葡萄品種有三，一是全球普遍種植的夏多內白葡萄，佔香檳區總面積 26%；二是黑皮諾深紅葡萄，37%；還有莫尼耶皮諾（Pinot meunier）淡紅葡萄 37%。所以近七成五的紅葡萄生產出大約九成五屬於氣泡白葡萄酒的動人香檳。

香檳最美的特質在於複雜多變的口感，因為它是從三種顏色差別、風味殊異的不同比例葡萄調製而成。

但也有人喜歡專注與純粹。因此偶見酒標強調「白中之白」（Blanc de Blancs），或「黑中之白」（Blanc de Noirs）的香檳。前者一般指以單一夏多內白葡萄釀製出來的白香檳，後者可能是以黑皮諾、莫尼耶皮諾兩種紅葡萄混釀，也可能 100% 黑皮諾或 100% 莫尼耶皮諾單一品種純釀，依然有許多變化，依然不一樣，依然美不勝收。

那是葡萄酒的平等之美。

博愛葡萄酒

紅葡萄酒的精神是博愛。博愛展現在於兼容並蓄：有清淡溫婉者如薄酒萊（Beaujolais），甚至更輕薄的薄酒萊新酒（Beaujolais Nouveau）；有單純大方卻不失深刻的布根地，也有鐵漢柔情複雜而纏綿的波爾多；大部分是不甜干型，卻也找得到濃郁的甜紅酒如波特酒（Port Wine）。呈現光譜如此遼闊，難怪許多人乾脆將西方葡萄酒簡化概稱「紅酒」。

紅酒配菜也非常有趣。基本上肉類料理係搭配紅酒之主流，不同紅葡萄酒各擅勝場，以細緻黑皮諾（Pinot Noir）釀成的布根地紅適合搭配雞肉或小牛肉；波爾多雄壯威武的波雅克（Pauillac）公認是羊排絕配；以希哈（Syrah）葡萄所釀紅酒常帶點胡椒味，則是與牛排互動之首選；意大利肉醬麵配清爽果香洋溢的奇揚地（Chianti）紅酒恰到好處。至於來自地中海氣候圈的紅酒，豐滿圓潤，與紅燒蹄膀這類帶著肥油花的燉肉「結婚」，真可以讚一聲「郎才女貌」！

不只是肉類，薄酒萊配清蒸鮮魚之美讓人回味再三，而我最喜歡拿來搭配川味辣豆瓣燒鯉魚的，則是澳大利亞氣泡紅希拉茲葡萄酒（Sparkling Shiraz）。

何況在法國，葡萄酒不只被視為一種酒，也是一種重要的飲食元素，例如布根地名菜紅酒燉牛肉與紅酒燒雞、波爾多的紅酒燜七鰓鰻

（Lamproie bordelais）、諾曼第甜點紅酒煮西洋梨、隨處可見的紅酒黑巧克力蛋糕，以及老少咸宜偏方：以煮沸過了的加香料熱紅葡萄酒治癒感冒，都證明紅酒是法國人生活最深層的，充滿愛意的一部分。

可是，等一等，這樣就算是「博愛」了嗎？

博愛，在西方呼應的是天主教「七美德」之一 Charity，有時候中譯為「寬容」，係眾生平等的上帝之愛；在中華文化則接近長期被批評不切實際的墨家「兼愛」或儒家「仁愛」理想。不過，法國大革命可是真確發生在人群中的流血革命，喧天價響的口號是 Liberté、égalité、fraternité，最後者直譯為「兄弟之愛」，或稱「友愛」，強調的更多是兄弟血緣關系或類兄弟革命夥伴相互扶持的社群價值，可不是不管什麼人都愛的，博愛。

選擇性的愛比較貼近真實人生吧？我想到自傳式電影《漢娜・鄂蘭》（Hannah Arendt, 2012）中，這位原籍德國的美籍猶太裔政治理論家有一段坦誠自白：

I have never loved a people - why should I love the Jews?

I only love my friends. This is the only love I am capable of.

（我未曾愛過一個民族。為什麼我必須愛猶太人？

我只愛我的朋友。這是我所能做到的唯一的愛。）

我猜，漢娜・鄂蘭對於紅酒，並不會一視同仁統統都愛吧？那樣太辛苦了，同時也不符合人性。

有所偏愛，或者因地制宜的去愛，「悠悠迷所留，酒中有深味」；有時候能接受別人的愛，必要的時候也能拒絕不適當的愛，「所以貴我身，豈不在一生」；無論如何，一定保有心底不滅的愛的火苗，絕不可「有酒不肯飲，但顧世間名」。就像面對葡萄酒，尤其既能配菜、也能入菜、不妨獨飲，反映自由、平等精神，值得我們敞懷去愛的紅葡萄酒。

還是引用法國作家與美食家夏多布里昂子爵（François-René de Chateaubriand, 1768-1848）的名言吧，這句話能代表我的心：Aimer, c'est bien. Savoir aimer, c'est tout.（去愛，滿好的。知道怎麼去愛，則是一切。）

雪白鵝黃也鬥開

適逢「白露」節氣，《禮記・月令》描述白露物候：「盲風至，鴻雁來……，群鳥養羞。」盲風，疾風也，冷冽秋風吹起，原居北方候鳥鴻雁紛紛南飛避寒，並努力加餐以備過冬，最是肥美，羞者，饈也，享受野雁美味當令。

不過在過度都市化之時代，野禽罕有，幸虧在東西兩方都被視為珍饈的馴雁家鵝，尚非難得。

鵝肉雖美，但我卻想談鵝油，動物性油脂往往比肉食更動人，譬如蔡瀾的最愛：豬油拌飯。

蔡瀾愛吃豬油拌飯是出了名的，他曾在《五趣也》（2006）書中，揭櫫「豬油萬歲論」，不但列舉豬油在中華料理的重要角色，還歷歷舉證：「在英國，最高貴的『淑女糕點 Lady Cake』，也用大量豬油，法國人的小酒吧中，有豬油渣送酒。墨西哥的菜市場裡，有一張張的炸豬皮。豬油的香味，只是嘗過的人才懂得，他們偷偷地笑：『真好吃呀！真好吃呀！』」

台灣不乏「真好吃呀」的豬油拌飯，但就健康角度審視，鵝油因為熔點低（大約攝氏 16 度），對人體較無負擔；而蛋白質與有益的不飽和脂肪酸亦屬動物油中最高，更值得推薦。尤其，有一款被戲稱「法皮台骨」獨特升級版台灣古早好滋味：香蔥鵝油麵線。

台北樂朋小館的香蔥鵝油，是高雄橋邊鵝肉老店留學法國第二代之跨文化創意。繼承家業的年輕人發現，法國料理視為珍品的鵝油，竟在台灣被棄若敝屣，於是他以精緻慢熬的法式製程，為台灣鵝油重新加值。

首先，選用的是原產於義大利，屬於歐洲最古老品種的「白羅曼鵝」（White Roman Goose），只取鵝臀最後端兩片肥美脂肪，並在中式炒菜鍋裡以直火手工熬煮提煉，經歷長時間熟成，然後澄清，層層過濾，才萃取出金黃色的香醇鵝油。整個過程，簡直就是傳統民藝「慢工出細活」精神之重現。

畫龍點睛的紅蔥頭更是關鍵。一般台灣常見以豬油炸出的油蔥酥，香是夠香，但泡得太軟，油炸火候多不講究，紅蔥頭口感盡失，拿來炒菜還可以，直接拌飯拌麵則嫌味道單調，且過於油膩。但是樂朋小館的鵝油香蔥卻是大小均勻、片片分明，沒有一點焦黑，呈現美麗的暗金色，就像頂級西班牙馬末蘭（Marmalade）果醬裡的橙皮，浸在淡黃鵝油裡，澆在略帶鹹味的台式雪白麵線上，色香味俱全，簡樸，但絕不膚淺。

若要為此簡單精緻小吃配酒，當然是能分庭抗禮卻絕不喧賓奪主的，法國布根地純淨卻深刻的單一品種夏多內（Chardonnay）白葡萄酒，它特有之縈繞果香、清爽酸度、過桶而來的圓潤與均衡，正是襯托香蔥鵝油麵線美好之旋律基調。

夏末秋初，香蔥鵝油麵線當主角，布根地白酒則係盡職配角，美食美酒合拍慢舞，遙想歐洲秋天樹葉變黃變紅變紫繽紛景致，直可借用東坡名句作結：「深紅淺紫眾爭發，雪白鵝黃也鬥開」。

哀愁地瓜葉

出生瑞士、居住在英國的作家艾倫．狄波頓（Alain de Botton）曾與人合作出版一本深具英式實用主義傾向的妙書《藝術的慰藉》（Art as Therapy, 2013），書中提出了藝術七項功能：Remembering、Hope、Sorrow、Rebalancing、Self-understanding、Growth、Appreciation，對我而言，Sorrow 最為惹眼。台灣聯經譯本將 Sorrow 譯為「哀愁」，哀愁就哀愁吧，但，藝術怎麼會有哀愁的功能呢？

艾倫．狄波頓自己則說：「在藝術的種種用途裡，其中一項出人意料的重要功能，就是教導我們以更成功的方式承受苦難。」藝術教導我們從自身的悲傷之中抬起頭來，張開眼睛欣賞一個更美好、宏偉，或者更寬容的世界。他更進一步解釋：「我們可以把許多藝術成就是為藝術家『昇華』哀愁的結果，而觀眾在欣賞作品的過程中也會經歷同樣的體驗。」

原來如此。那麼作為重要生活藝術的餐飲料理中，有沒有這樣的例子？

我立刻聯想到潮州菜代表菜式之一「護國菜」。護國菜材料極簡，僅僅是用番薯葉菜配以草菇、上湯煨製而成。

但這道菜的故事洋溢哀愁，與南宋最後一位皇帝趙昺有關：相傳南宋末年，元軍進犯，宋室風雨飄搖，趙昺隨大軍撤退，逃難於潮州府潮陽縣一間敗破寺廟暫歇，皇上疲困飢渴，但寺中亦苦於無物可炊，有和尚揀些野葉菜勉強熬煮羹湯，得以溫飽的趙昺食後讚不絕口，御賜「護國菜」之名。

現今護國菜多用番薯葉，卻與史實不符——番薯原產於美洲新大陸，十五世紀末由哥倫布帶到西班牙，之後西班牙水手將番薯引至菲律賓和摩鹿加島，再傳至亞洲各地。中國人初識番薯當在十六世紀明朝萬曆年間，而宋元兩代尚未能得見。潮陽僧人當時煮湯用的可能是莧菜、菠菜、蕹菜、或其他葉菜。

不過以番薯葉入菜其實更有感覺。因為種菜原是為收穫番薯塊根，農民節儉物盡其用，以番薯葉副產品為菜，是一種幾乎沒有成本的隨手蔬食。早年台語喚作「豬菜」，言其賤也，因為番薯葉極易種植，從初栽到成熟的生長期與其他作物相比亦極為短暫，所以台灣農村曾被用作豬隻主要飼料，只有清寒家庭才會以此為配菜，配的常是番薯削簽曬乾混煮少量米粒的「番薯簽飯」。

番薯在台灣亦稱「地瓜」，在泥土地底所結之瓜，最接地氣。汆燙或清炒地瓜葉灑醬油是常見吃法；較為講究者，則以蒜末醬油膏調味。

至於潮州護國菜，關鍵在於上湯，吊湯一般用金華火腿、老母雞、豬赤肉文火煲至少三個小時再過濾而得，外觀尋常，骨子深處頗有講究，以此煨煮地瓜葉，借艾倫・狄波頓語，可謂藝術「昇華」了。

宋帝昺出亡，厓山大敗，九龍自盡，既是樁哀愁的歷史故事，也為香港人留下了九龍「宋王台」、「宋皇台道」之歷史場景。將哀愁昇華成美味，野史轉化成料理，肉體餵飽，靈魂神遊，護國菜竟似可作為「藝術的慰藉」一個有趣案例？

曲項戀黃花

霜降係秋季最後一個節氣，就要入冬了，但台灣卻才初顯涼意。到台中樂沐餐廳用膳，前菜仍頗有夏季風情：馬祖來的生蠔略經炙燒，搭配生青蘋果與小黃瓜薄片，舖墊快炒過的黃瓜、青蘋果丁與紫蘇葉、伴有蔥油的西谷米，視覺焦點則是小黃瓜花和芝麻葉苗裝飾。比較特別的還有桌邊服務海苔冰沙，海苔鮮味隨著冰沙在口中迅速融化而活潑洋溢口中，沖淡嫩脆生菜的些微青澀，並與半熟生蠔有趣互動。

這道菜既漂亮又好吃，而最吸引我的是小黃瓜花。

黃瓜是葫蘆科甜瓜屬，原產印度，西漢時期張騫出使西域時帶回中原，稱為「胡瓜」。傳說五胡十六國後趙皇帝石勒諱言「胡」字，漢臣襄國郡守樊坦遂改名「黃瓜」，也有人喚「王瓜」，台語因其表皮多有凸櫛而稱「刺瓜」。

黃瓜幼果就是小黃瓜，在黃瓜初結果，花朵尚未凋萎脫落時採收，還帶殘花的幼小黃瓜則叫做「花瓜」，常被醃製成小個頭的醬瓜。

我孤陋寡聞，還真未見過小黃瓜花入菜，倒是法國菜偶見Courgette-fleur，也就是「節瓜花」。

節瓜係葫蘆科冬瓜屬，地中海地區常見蔬菜。在英國文化影響的區域與法文相同稱其為Courgette，但在北美則常用Zucchini之名。

Zucchini 源自於義大利文 Zucchina，意思是小南瓜。

節瓜外型其實並不像南瓜，雖也有圓形茄狀者，但多為條形近似小黃瓜，光滑無櫛，常以烘烤方式作為配菜，煮熟後比黃瓜更為軟爛濃香，2007 年上映的美國料理動畫片《料理鼠王》（Ratatouille），法文片名即為以節瓜為主之法國名菜「普羅旺斯雜菜煲」。

原本節瓜價格低廉，但粉嫩鵝黃、嬌豔脆弱、惹人憐愛的節瓜花，卻是一種昂貴食材。

以節瓜花入菜是出生於法國北部加 海 省（Pas de Calais）、卻定居於南部並在尼斯開設餐廳的法國當代大廚傑克・麥西敏（Jacques Maximin）於 1980 年代之創舉。麥西敏因為來自法國邊陲，面對傳統食材反不致落入慣性思考窠臼，他曾發明幾道以節瓜為主的新菜式，包括將完整節瓜快速爐烤整條上桌，或是以直式細切法讓節瓜條呈鉛筆狀豎立裝盤。其中最膾炙人口的創意，則是以節瓜花輕炸做成東方風格頭巾，並塞進細緻內餡而成為一道前所未見的精美菜餚：節瓜花煎餅（Beignets de fleurs de courgettes）。

創造第一道節瓜花料理之後，麥西敏還結合節瓜農專業生產節瓜花上市，並積極推廣，吸引許多知名大廚陸續推出相關新菜，節瓜花一下子成為法國新式料理（la Nouvelle Cuisine）當紅寵兒，尤其用來作為既可食用又非常美觀的盤飾，譬如法國三星大廚雅尼克・阿蘭諾（Yannick Alleno）就喜歡在主菜盤中灑上乾燥了的鵝黃半透明節瓜花瓣，創造出秋天落葉繽紛的氣氛。於是大約在上個世紀末本世紀初，一款新蔬菜 Courgette-fleur 就誕生了。

節瓜花已負盛名，明末清初詩人吳偉業（1609-1671）有「弱藤牽碧蒂，曲項戀黃花」詠黃瓜之句，說不定同樣美麗的鮮嫩花瓜，也有機會成為時髦食材？

萬聖之夜嘗秋葵

每年 10 月 31 日是 Halloween，All Hallows' Eve，萬聖夜；隔天 11 月 1 日則是 All Saints' Day，萬聖節，法文作 la Toussaint，紀念所有聖人的節日。雖然越來越多人分心在「不給糖就搗蛋」（Trick-or-treat）惡搞趣味活動，或是「傑克南瓜燈」（Jack-o'-lantern）應景裝飾，但其實萬聖節還有別的意義。

這個節日與聖誕節一樣，都是來自於天主教對其它文化節日的吸收和再詮釋。萬聖夜起源於不列顛凱爾特人的傳統節日，許多人認為就是 Samhain：Samhain 係 10 月最後一天的午夜，凱爾特人相信這個時刻是夏季的終結，冬季之始。凱爾特人的曆法裡，一年只有夏、冬兩季，而 Samhain 這一時刻正是熱與冷、光明與黑暗、生機與蟄藏的分野，時光流轉的重要標誌，是最重要的節日之一。因為從此黑暗比光明更長，冬眠的季節來臨，故又被稱為「死者之日」，或者「鬼節」。

萬聖夜吃什麼呢？有人說因鄰近蘋果豐收期，太妃蘋果糖（Toffee apples）乃應節點心，或者配點熱蘋果酒暖身；也有人推薦烤南瓜派、烤南瓜子。自己卻突發奇想，想來點新意汆燙一盤秋葵。

秋葵，拉丁學名作 Abelmoschus esculentus，是一年或多年生草本植物，性喜溫暖，據稱原產地為西非現今 Ethiopia 附近，以及南亞地區。秋葵可結長形蒴果，末端收縮如指尖，果身呈五角或六角形，內含多顆種子，又被喚作羊角豆，甜美可食，英文名為 Okra 或 okro，在許多英語系國家則喜稱其為 ladie's finger（淑女的手指）。

秋葵含有豐富的膳食纖維可以幫助消化，同時含有維生素 A 及 β 胡蘿蔔素等，據說能保健視力。它可以穩定血糖濃度，係符合糖尿病患需求之食材。尤其秋葵含有獨特黏液，可以附著在胃黏膜上來保護胃壁，並且促進胃液分泌，不但可以改善消化不良症狀，還能抑制糖分吸收，本身熱量又低，居然還有減肥功效。因此被公認是時髦健康食品。

不過，秋葵也含有高量的鉀，腎病患儘量避免；且屬性寒涼，脾胃虛寒及易腹瀉者亦不宜多吃，入冬之後，更不宜再食。

「入冬不食」特徵吸引了我的注意力。一直對秋葵的「秋」字有興趣，典籍遍查不到解釋，請教一位園藝學老教授，他說，可能因為是一種熱帶植物，秋後即易遭受寒害，不再結果，即使勉強有果，往往品質不佳，果莢高度纖維化，甚至色澤黑化，既不美，更難以入口。台灣秋葵產期是 4 到 10 月，10 月之後市場難見蹤跡，秋葵「秋」字，或許指的是「秋後無葵」吧？

遙借凱爾特人視角，一年之中「半年夏季」秋葵可食，驅暑散熱，有益健康，造型又像美人之指，讓人心生親近之意。萬聖節之後，再不得秋葵果，偶爾見之，纖維化黑化，直似女巫之指，避之唯恐不及。秋葵，竟可作萬聖節創意菜式。

秋葵整根燙熟後食用，不僅方便好吃，完整美人指排列起來，也好看。日式吃法是切成小塊加進味噌湯，彷彿一顆顆綠色小星星載浮載沉，古代凱爾特人眼中最美的 Samhain 景象，庶幾近乎？

舉箸忍嘗鴿

台灣傳統「立冬補冬」，進補吃什麼好呢？特別一點，來盤鴿料理吧。

以野生或眷養鴿子入菜在古代中國、古代西亞、古羅馬、中世紀歐洲早已十分普遍。中國民間流傳有「一鴿勝九雞」說法，而《本草綱目》記載：「鴿之毛色，於禽中品第最多，唯白鴿入藥。」因此白鴿被認為是上品，又名「白鳳」，著名中醫成藥「烏雞白鳳丸」，據說就是以烏骨雞與白鴿肉為原料煉製而成。鴿肉之中，普遍認為一個月齡以下的乳鴿（法文作 pigeonneau，英文則為 squab），肉質最佳。

根據猶太教正統版本希伯來聖經《塔納赫 Tanakh》（Tanakh），鴿是符合猶太教飲食戒律的鳥類肉食，而且是唯一可以出現在猶太教五種重要祭祀中的鳥類。

在現代世界，鴿肉在包括中國、猶太、阿拉伯的東方，以及法國料理中十分常見，例如廣東菜有名的石岐燒鴿、猶太鴿肉派、阿拉伯烤鴿，以及法國以鴿肉為主角的各式菜餚。

不過這個世界其他地區人們卻很難分享這種美食。2009 年英國旅遊網站 VirtualTourist.com 曾由會員選出 the world's most unusual foods（世界上最不尋常的食物），台灣豬血糕榮登榜首，第二名韓國活章魚沙西米，第三名烏干達炸蚱蜢，第四名就是法國的鴿料理！

法國以外的西方人視食用鴿肉為「不尋常」之主要原因，可能是鴿子深入人心的和平形象。

舊約聖經《創世紀》神話描述，上古大洪水成災之後，諾亞一行藉由方舟逃過一劫，在氾濫大水漸退之時，諾亞放出一隻飛鴿以探外界究竟，上帝命鴿子銜回一條橄欖綠枝，以示洪水盡退，人間尚存生機希望。

二戰之後，1950 年在波蘭華沙舉辦的 the Second World Congress of the Defenders of Peace（第二屆捍衛和平者世界大會），大藝術家畢卡索為大會海報設計之視覺焦點係一隻鋼筆素描鴿子，智利詩人 Pablo Neruda（1904-1973）稱之為 la paloma de la paz（和平之鴿），似乎從此，鴿子形象即與希望、和平緊密相連，畢卡索甚至將在前一年 1949 年出生的愛女取名 Paloma。

鴿料理最令人驚嚇的，恐怕是法國盧昂（Rouen）傳統「血鴿」（Pigeon au sang）了。顧名思義，「血鴿」即並不將肉鴿割喉放血，而是不流血地掐殺，讓血留在肉裡，致使本來屬於白肉的鴿肉呈粉紅色，味道更為濃郁。「粗暴」手法還不止於此，取下好吃的胸肉、腿肉部位之後，整副鴿子殘骸骨架還要用特殊設計的機器榨出骨髓血汁，然後調以波特酒或馬德拉葡萄酒熬煮醬汁，再澆回盤中鴿肉之上。

美食名家唐魯孫《酸甜苦辣鹹》書中收有〈舉箸不忍吃鴿子〉一文，文中提及，有人說殺鴿子要把銅錢孔套在鴿嘴上，把鴿子悶死，然後處理烹調，鴿肉才鮮美好吃，基本原理與法國血鴿相通。

另外，法國菜烤乳鴿往往有頭有尾全鴿上桌，其賣相，以及必須直接手持刀叉往全鴿身上招呼吃相之「野蠻」，也讓大部分講究餐桌禮儀的西方人無法適應。

但鴿料理在法國與中國餐廳菜單常見，不管是血鴿或烤全鴿，即使讓人心生不忍，依然值得一嘗。

菜市場小旅行

世事紛擾，需要調整情緒時，我會下廚做菜。如果連做菜的心思都沒有，得空而且時間對的話，則會一個人到菜市場逛逛。許多人喜歡引用武俠小說家古龍《多情劍客無情劍》裡文字：「一個人如果走投無路，心一窄想尋短見，就放他去菜市場。」因為，菜市場是最能激發人們對生活熱愛的地方。其實沒那麼嚴重，不過對我竟有點「興來每獨往，勝事空自知」況味。

想到英倫才子艾倫・狄波頓（Alain de Botton）在2009年出版的《機場裡的小旅行》（A Week at the Airport）。狄波頓受邀到倫敦希斯洛機場第五航站擔任駐站作家，為期一週。在這個出發與抵達、入境與出境的生命轉折點上，他觀察、訪談、思索、感受、紀錄，最後完成一本雋永小書。

人生匆匆，我們有很驚人比例之生命其實花在移動上，但總是急急忙忙奔向目的地，幾乎沒有人願意注意過程，因為我們「趕時間」。法國作家聖艾修伯里（Antoine de Saint-Exupery, 1900-1944）《小王子》中有段知名問答，一位商人兜售一種神奇藥丸，只要一週吞服一顆，就不會感到口渴，不需要任何飲料。

商人說：Computations have been made by experts. With these pills, you save fifty-three minutes in every week.（專家們計算過。服用這些藥

丸，你每週可以節省 53 分鐘。）

小王子問：And what do I do with those fifty-three minutes?（那麼我要這 53 分鐘做什麼？）

商人答：Anything you like...（任何你想做的事……。）

小王子自言自語：If I had fifty-three minutes to spend as I liked, I should walk at my leisure toward a spring of fresh water.（如果我有 53 分鐘想做什麼就做什麼，我會悠哉踱步走向一口活水源泉。）

有趣的是，不渴藥丸的效用長達一週，剛好與艾倫・狄波頓機場駐站的時間相同。如果模仿《小王子》筆法，似乎也可以說，如果我有 53 分鐘可以任意揮霍，不妨悠閒地逛逛機場，或者，悠閒地逛逛菜市場。

香港人懂得，香港人懂的。全世界都將交通視為過程，視為達成目標必須克服的空間障礙，一種時間成本。但只有香港人發明了「遊車河」，把交通過程變成目的，甚至變成一種悠閒享受。

遊菜市場更佳。因為菜市場是庶民文化毫不做作的展示場，也是理解食材、風土與歷史、文化的櫥窗，具備對抗全球化的深刻在地性，因為它是活的，人們摩肩擦踵、熙熙攘攘，充滿人情、鮮味與生機，訴說「產地到餐桌」故事的生活博物館。

很多人出國旅行刻意逛菜市場，有些市場已有國際盛名，例如東京的築地市場、京都的錦市場、西雅圖 Pike Place Market、波士頓

Quincy Market，或倫敦 Borough Market、柏林 Markthalle Neun、巴黎 Marché Bastille，而西班牙巴塞隆納甚至有「菜市場城市」之美譽。

我則推薦台北的士東市場。這是一群年輕設計師與傳統攤商們攜手合作的精采作品，既傳統又現代，既不落伍卻有不至於過於前衛，有食材也有食物，因為座落於台北市被分類為高級的天母區，商品質地因此顯得高級，如果有半天、甚至真的僅僅 53 分鐘市場小旅行，就能發現許多意想不到的台北在地風貌與生活驚喜切面。

艾倫・狄波頓機場小旅行結尾感嘆：We forget everything: the books we read, the temples of Japan, the tombs of Luxor, the airline queues, our own foolishness. And so we gradually return to identifying happiness with elsewhere……（我們遺忘所有的事物：讀過的書、日本的廟宇、埃及盧克索的陵墓、航空公司櫃檯前排得長長的隊伍、自己的愚蠢。於是漸漸的，我們又轉向尋求另地快樂……。）。生活中其實也有些幾乎被我們遺忘的「另地快樂」，譬如菜市場。

葡萄酒邊際效用

邊際效用英文作 Marginal utility，是指每新增或新減一個單位商品或服務，所造成商品或服務收益增加或減少之效果。經濟學通常認為，隨着商品或服務量之增加，邊際效用往往逐步減量，也就是所謂的「邊際效應遞減定律」。

我之所以談「葡萄酒邊際效用」，其實係想回憶 25 年前留法初期一場印象深刻的文化震撼。

那時自己是個巴黎窮留學生，雖然有獎學金，因為花都生活費實在太高了，手頭仍是十分拮据。我周遭也都是窮學生，即使有些人出身富裕家庭，但到了研究生這個年紀，大家都自立了，家裡的錢歸家裡，我歸我，既然專心念書，就不可能有太多外快或積蓄，學生都是窮的。

而且巴黎的高等學校罕見校園，法文雖也用 campus 這個字，但指的是美國大學校園，巴黎的大學或我讀的「大學校」（Grande école）沒有校園。不過我們常常很阿 Q 地說：「整個巴黎市就是我們的校園。」討論功課，則就在隨處可及的咖啡館裡。

有一次，和一位同樣窮的法國同學相約在咖啡館討論功課。這位同學那天興致不錯，我慣例點了最便宜的黑咖啡，他突然想喝隆河北部產區羅第丘（Côte-Rôtie）葡萄酒。但是咖啡館這酒沒有單杯賣的，好，那就來一瓶吧。嘿，這小子今天倒是挺大方的。反正我們都是 Dutch treat，自己買單，各不相犯，他喝他的紅酒，我喝我的黑咖啡。

除了討論功課，我們也聊生活所見所聞所思，總有個三小時吧，我的咖啡早喝完了，他卻慢慢地品紅酒，只喝了三分之一。天色漸晚，請侍者結帳，這位同學杯子一推，說：「跟你聊得很愉快，那麼，再見了。」

可是，可是酒沒喝完呢，還剩那麼多。

「已經盡興了，再喝反而掃興。」法國同學回答。

「你不把剩酒帶回去嗎？」我吶吶問道。

「帶回去也沒有適當場合喝。環境改變，氣氛不對，味道也會變，現在覺得的好味道，回到閣樓寒酸住所後不一定還在，毋需勉強。何況拖久了，酒會變質，反而傷心……。」

因為真是窮學生，更顯得那酒的價值，好浪費啊。記得當時我離開咖啡館好一距離了，數度想衝回去把瓶塞塞回，將酒帶走，這可是一瓶高級好酒啊。

這個場景深印我心。不止於瀟灑，還有其他：中華文化教育從小教我們「惜物」，但法國同學浪費之舉，恍惚間，竟似最高等級惜物，彷彿有一種我未曾見識過的愛物如人、不忍輕慢的文化深意。

許多年之後，在台北一個場合，我以飲酒宜在邊際效用開始遞減時適可而止的論點，解釋這個文化震撼。一位經濟學者說話了：「楊先生，您不是學經濟的。其實邊際效用雖然遞減，但在效用減到零之前，消費都還是有價值的。」

雞同鴨講，我所談是美的欣賞，不是消費。如同法國文豪伏爾泰（Voltaire,1694-1778）名言：Le secret d'ennuyer est celui de tout dire.（令人感到厭倦的祕方，就是全盤道盡。）

懷舊 Tonic Water

經巴黎戴高樂機場過境，在航空公司貴賓室休息等待時，給自己拿了一小瓶 Tonic water，年輕同事嘖嘖稱奇：「還有人喝這種東西？」我淡淡回答：「為了懷舊。」

Tonic water 即「通寧水」，是一種汽水類的軟性氣泡飲料，特色在於以奎寧（Quinine，古稱「金雞納霜」）為主調味，帶有一種天然植物性黏膩苦味，常用來與烈酒調配各種雞尾酒，如 Gin & Tonic。

奎寧是一種有效治療熱帶傳染病瘧疾的藥物，係自原產中南美洲、南太平洋與西非的 Cinchona（中譯名「金雞納」）樹皮淬取而得。十七世紀西方旅人，特別是天主教耶穌會傳教士即已發現磨碎之金雞納樹皮可以抗瘧。史籍紀載，1693 年法國傳教士洪若翰（Jean de Fontaney, 1643-1710）曾以金雞納霜治癒康熙皇帝之瘧疾。後來，曹雪芹祖父金陵織造曹寅罹瘧，託人向康熙求索金雞納霜。蘇州織造李煦上奏：「寅向臣言，醫生用藥，不能見效，必得主子聖藥救我。」康熙「賜驛馬星夜趕去」，並叮嚀：「若不是瘧疾，此藥用不得，須要認真，萬囑，萬囑。」可惜西洋奇藥送抵之前，曹寅已因病去世。

1820 年，兩位法國化學家佩爾蒂埃（Pierre-Joseph Pelletier）與卡旺圖（Joseph Bienaime Caventou）從金雞納樹皮中分離奎寧，名稱來自印加土語樹名 quina-quina，1850 年代開始大規模生產使用。二戰期間美國 Sterling Winthrop 公司化學合成發明氯奎寧（Chloroquine），藥效更佳，成本則廉，從此取代了天然奎寧。

而最早抗瘧藥用的通寧水，原是因為純奎寧極苦，加水稀釋才能勉強入口，而若加入氣泡水則更為宜人，後來更加糖、調以檸檬汁等，漸漸因為獨特甘苦而轉為流行飲料。其實作為飲料的高度稀釋通寧水含奎寧量極低，一來降低苦味，二來是藥三分毒，為避免傷肝或造成孕婦流產等副作用，許多國家都會限制流通販售通寧水中奎寧含量必須低於安全標準，故幾不具療效。

不具療效，卻有心理安慰效果。自己當年參與援外工作，經常往返停留非洲瘧疾疫區，最受歡迎的飲料就是 Tonic water。原因無他，解渴好喝，又聊勝於無地防瘧，尤其有一種難以形容、似有若無的餘韻，苦澀卻又纏綿。同理心發展，在開發中國家工作過的同溫層中，不僅單飲，也流行各種變化口味的調酒 Gin & Tonic、Vodka & Tonic，還有通寧咖啡 Kaffe Tonic、Espresso Tonic，乃至於各色通寧茶 Tea Tonic，玩得不亦樂乎。

現在喝 Tonic water，多少有點重提當年勇的懷舊心態。但人事彷彿，景物全非。

這些年兩岸關係起伏，外交烽火連天，二十一世紀以來，我所關切甚至處理過的台非斷交竟超過一手之數，有賴比瑞亞（Liberia, 2003）、塞內加爾（Sénégal, 2005）、查德（Tchad, 2006）、馬拉威（Malawi, 2008）、甘比亞（The Gambia, 2013），以及被視為金雞納樹發源地之一、2016 與台灣斷交的中西非幾內亞灣島國聖多美普林西比（São Tomé e Príncipe）。

吸一口清涼爽口 Wilkinson Tonic，想到這個國際品牌通寧水中文名字竟是「巫山」，「除卻巫山不是雲」，該如何跟年輕同事解釋縈繞舌根的滄桑懷舊呢？

大雪烏魚到

大雪過後，地處亞熱帶的台灣也算入冬了。但即使入冬，景致與物象仍與節氣發源的黃河流域迥然不同：台灣南部氣候較為暖和，此時展開一期稻作之育苗作業；北部則因氣溫較低，結束二期稻作之後，適逢間作花生採收期，品嘗台灣花生正當時。而老饕更該注意的是台灣俗諺「小雪小到，大雪大到」，它的意思是，從小雪開始，烏魚群就慢慢進入台灣海峽；到了大雪時分，氣溫迅速下降，驅使烏魚沿水溫線向南迴流，匯集魚群也越來越多，整片台灣西部沿海都可以捕獲烏魚，是漁民重要的「黑金」財富。

烏魚，《台海采風圖考》循老派說法稱「鯔魚」：「鯔魚黑色如鰍，長不盈尺，二目突出於額，身多綠斑。」蹤跡遍布於全球溫、熱帶海域，主要棲息環境為沿岸沙泥底水域，是中國南方沿海普遍可見之食用魚。《台灣府志》則稱：「烏魚，即《本草》之鯔魚，海港所產甚盛。冬至前捕之，曰正頭烏，則肥而味美；至後捕之，曰回頭烏，則瘦而味劣。」

正頭烏固然肥美，但精彩的更是雌烏魚第一次貼近台灣期間，卵巢正值交配前最成熟階段，所以台灣產「烏魚子」被視為頂級冬季風物。

烏魚子日文作からすみ，漢字常寫成「鱲子」，發音為

Karasumi，意譯為「中國硯台」，故又稱「唐墨」，一般的說法是因形如硯台而得名，還有野史引江戶時代流傳的相關打油詩「寫詩磨唐墨，下酒烏魚子；山居嫌日長，邀仙來作客」作為佐證。

但一位精通日文的博學長輩卻不以為然，他認為からすみ可分離成からすみ（Karasu，烏鴉、烏魚，或一切黑色的動物）與み（Mi，果實、種子或肉身），其實應該是「會合成意」的新造之字，這個說法也許更符合明朝末年從中國傳到日本的歷史淵源。

依據江戶初期文獻，日本慶安元年（1648 年）10 月，信州佐久郡的篠澤佐五右衛門良重，獻給小諸城主青山因幡守宗俊的晚宴料理之中，出現からすみ文字，據信是日本進口中國醃製魚子的最早成文證明。但當時中國傳來的應是被譽為「仙界美食」，以馬鮫魚卵製成的「鰆魚子」。直到延寶三年（1675 年），長崎名匠高野勇助以烏魚卵模仿創新，首度推出烏魚子，並創設立「高野屋」烏魚子元祖老店。

台灣烏魚子起源並不可考，但應該是在日治時代大幅提升製作品質。根據台灣農業委員會所存史料，明治 29 年（1896 年），台灣總督府曾邀請長崎技師來台示範烏魚子製作，產出 1000 公斤，試銷大阪成功，並在日本獲得「珍物」美名。

珍物最內行的吃法乃「酒燒」：先剝除烏魚子外層薄膜後置於瓷盤，倒入 58 度金門高粱酒，稍稍淹過魚子表面，直接點燃烈酒，並不時將魚子翻面，直到火焰燃盡熄滅，待涼後切成薄片，微焦酥脆鹹甜帶著殘酒餘香，是大雪之後最應景的台灣美食。

肉醬存在主義

肉醬是法國傳統鄉村菜式之開胃菜或前菜，係一種「變形了的」（transformed）肉類，法文常見相關字包括 Pâté、Rillette 與 Terrine，這三個字常被差不多先生們混用，也有人誇張形容三種肉醬乃法式料理之「三位一體」，但是其實頗有差別，值得稍作說明。

Pâté 為統稱，泛指一切的肉醬，牛肉醬、豬肉醬、羊肉醬、兔肉醬等，還有禽類肉醬、魚類肉醬——十七世紀法國作家拉封丹（Jean de La Fontaine, 1621-1695）就曾留下著名寓言故事《鰻魚肉醬》（Pâté d'anguille），另外包括內臟醬，以及根莖果實類蔬菜所製作的獨特菜醬。通常除了剁碎、絞碎，料理成醬之外，還刻意加入肥肉油脂，創造滑潤口感，並經香料調味，常常加入葡萄酒或烈酒去腥並增添風味。

肉醬料理出現得很早，一般認為從中世紀起即已流行歐洲。通常是將家畜、家禽不容易處理、又不願浪費部位所剔下的肉，如頭、頸、足、翅、尾、內臟等，經過剁絞碎、醃製處理，然後熬煮而成。因此許多著名肉醬都是以雜碎或下水做成，例如鼎鼎大名的鵝肝醬、鴨肝醬，或是被暱稱為「頭肉乳酪」（Fromage de tête）的豬頭肉醬，以及冷卻之後的豬肉凍（Porc en gelée）。

既曰「醬」，製程中少不了磨碎功夫，卻仍有變化。有些講究粗獷樸實，在醬中留有肉塊顆粒，有嚼勁又口感豐富；但是大部分則完全均勻磨碎，常作為麵包抹醬；磨得更細的又叫 Mousse，因為蓬鬆飽含空氣，提供了泡沫般的口腔觸覺經驗。

Rillette 做法是以成形肉塊在調味後的油汁中慢火燉煮後，細心壓成泥狀，最大特色卻在保留了原有肉質纖維，硬要區分，可謂「帶絲肉醬」也。值得一提的是，Rillette 成醬後須放入小型陶皿覆蓋一層油脂保存，但是用的未必原肉油脂，常為豬油，係法國料理慣用「油封」手法。

至於 Terrine 即法文陶製小皿之意，也就是用來煮食的砂罐瓦缽，清代袁枚（1716-1797）《隨園食單》裡說：「煎炒宜鐵鍋，煨煮宜砂罐。」東西方如出一轍。這樣料理出來的肉醬，理所當然喚作 Pâté en terrine（陶罐肉醬），法文簡稱 Terrine。

所以，Pâté 可以單獨呈現，切片或作為抹醬，Rillette 亦然；兩者也都能做成 Terrine。而 Pâté 還可能裹在「麵皮」（Enveloppe de pâté，但是在這兒 pâté 指的卻是「麵團」）中以烘焙製作的肉醬料理，通稱為 Pâté en croûte（餡餅肉醬），法文簡稱 Tourte（餡餅），就是英文裡的 Meat pie（肉派）或 Loaf（肉醬麵包）。但是 Rillette 也同樣常拿來烘焙作餅，例如 Tourte aux rillettes（帶絲肉醬餡餅）、Tarte chaude aux rillettes（帶絲肉醬熱塔）。

作為飲食小文，不知道讀者有沒有發覺？到目前為止通篇文章裡「但是」出現頻率之高，腦海不禁浮現台灣作家羅智成詩句：

「沒有一個詞彙

像『但是』一樣

給我這麼多流暢的轉折

與警覺所帶來的安全感

像某種穿梭編織的思考零組件

某種舌尖抵著上顎的

辯證法或

煞車靈敏的

修辭學」

因此，「『但是』微調著

簡單的語法無法勝任的

我們的見解」

「變形了的」法式肉醬，很容易讓人由「但是」聯想到存在主義，Existance procedes essence，存在先於本質。在瞭解一切皆有可能之後，對於名稱，我們似乎就用不著那麼執著了。

台灣泡麵 60 年

泡麵，又稱速食麵、快熟麵、方便麵、即食麵等等，係短時間內加熱即食的麵品。而 2017 年，台灣泡麵現世正滿 60 週年。

世界第一款泡麵，是日清食品創辦人安藤百福（1910-2007）昭和 33 年（1958 年）在日本大阪府池田市推出的「雞汁拉麵」（チキンラーメン，香港稱「日清伊麵」，中國大陸則名為「始祖雞湯拉麵」），有趣的是，這位日本「速食麵之父」，其實原籍台灣。

安藤百福原名吳百福，生於日治時期台灣嘉義廳樸仔腳（今嘉義縣朴子市）。自幼父母雙亡，由經營布料批發店的祖父母照顧成長。後來留學日本京都立命館大學附屬商專經濟科，並在日本創業發展。二戰日本投降之後，吳百福雖留在日本繼續發展，卻一直保有中華民國國籍，直到 1966 年才以第三任妻子安藤仁子之姓，歸化日本籍。

然而作為發明人祖國之台灣，卻遲至日本泡麵出現後九年，1967 年才有第一款泡麵，係由安藤百福日清食品與台灣國際食品公司合作的「生力麵」。另外，台灣維力公司也在同年推出標榜 100% 台灣自製的「維力麵」。

初期台灣泡麵走的是清淡日式風，不獲本地消費者青睞。第一個轉機居然是因為天災：1969 年九月底至十月初，風勢凌厲的艾爾西

（Elsie）颱風及挾帶豪雨的芙勞西（Flossie）颱風連續來襲，台灣許多地區停水停電，一夕之間泡麵成為災後最佳果腹熱食，引發搶購，市場因此打開成長。

1970 年代之後，廠商紛紛努力將泡麵與台灣傳統麵食結合，開始在地化、多樣化發展，出現如炸醬麵、牛肉麵、排骨雞麵、肉燥麵等口味。1983 年，台灣統一食品結合軟性罐頭技術，首度推出含有肉塊調理包之「滿漢大餐」，明顯提升了泡麵的品質與味道。翌年「滿漢大餐米粉系列」則是台灣第一款「非麵類」泡麵。1990 年代係台灣泡麵之戰國時代，國際泡麵大軍以多元新穎口味壓境，並配合日韓偶像劇置入性行銷，在世紀交替的時刻，台灣泡麵市場流行的竟是韓國的「辛拉麵」、不倒翁（Ottogi）「起司拉麵」，日本日清舊愛「出前一丁」與新歡「合味道」，泰國的 Ma Ma、Yum Yum、Wai Wai，越南 Vifon 即食河粉，乃至於印度尼西亞的「營多炒麵」（Indomie Mi Goreng），竟有一種重新認識東亞的獨特情調。

二十一世紀初大張旗鼓收復「失土」的，首推台灣菸酒公司 2012 年所推出「花雕雞泡麵」。據說這款泡麵是原「菸酒公賣局」民營化轉型公司，為推廣滯銷之埔里酒廠陳年窖藏花雕黃酒而研發生產，沒想到因為口味獨特、用料實在，一炮而紅。推出至今，年銷量都超過一千萬份。菸酒公司不但乘勝追擊再推出麻油雞泡麵、花雕牛肉泡麵，更在台灣泡麵 60 週年之際，新推出義大利麵系列：卡本內・蘇維儂蕃茄、夏多內奶油兩款 Pasta 泡麵。看來泡麵的新戰國時代，才正揭開序幕。

日式洋食咖哩飯

冬季最後兩個節氣「小寒」、「大寒」過渡轉換之際赴日本東京出差，一天晚上在洋食館吃了一頓熱騰騰讓人舒服的日式咖哩飯。有趣的是，號稱正規的咖哩飯以銅鍋盛牛肉咖哩，西式瓷盤白飯，不鏽鋼湯匙就口用食；日式磁碟擺的卻是「神福漬」醬菜，另以木筷夾食；食具混搭，交互使用，不習慣的我還真有些手忙腳亂。

其實咖哩引進日本的時間並不久遠，係十九世紀中後期「明治維新」之後，當時全盤西化力求脫亞入歐的日本不但廢除「肉食禁止令」，開始普遍肉食，特別是牛肉，也進口了大英帝國歷史悠久的食品公司 CB 皇牌（Crosse & Blackwell）生產販售的「英式」咖哩粉。

所謂「英式」咖哩與印度咖哩頗有差別，有一些飲食史學者甚至認為印度雖有多樣各式香料入菜的傳統，但其實並沒有統一之「咖哩」，這其實是英國殖民者的「發明出來的傳統」（Invented tradition）。

尤其英式咖哩料理為了降低亞洲香料的刺激性與辛辣強度，往往以焦炒洋蔥、蘋果提高甜度，並以麵粉增加濃稠度，這些做法已都成為日式咖哩的重要特徵，而一般日本人也將咖哩飯歸類為「洋食」，應該是日本人從已經轉化過一次的歐式咖哩料理之第二次轉化，與印度關聯不大。

事實上，號稱最早日文咖喱食譜，敬學堂主人1872年撰寫之《西洋料理指南》，其中列舉材料包括「蔥、薑、蒜、牛油、蝦、鯛魚、牡蠣、雞肉、青蛙、小麥粉與咖喱粉」，因為有「青蛙」這項獨特食材，曾有學者推測這款咖喱可能受到法國料理影響。後來才逐步調整成現在流行的日式咖喱。

至於名稱，福澤諭吉在1860年出版之《增訂華英通語》首先將Curry翻譯為「コルリ」。至於目前日式咖喱飯片假名寫法「カレーライス」（Curry Rice），大約要到十九世紀後期才出現。

其實原本在日本，「咖喱飯」與「飯咖喱」（らいすかれい，Rice Curry）兩個名稱曾併存，且有微妙差別：「飯咖喱」指的是飯和咖喱醬汁放在同一餐具中進食的吃法，而「咖喱飯」則是把飯和咖喱醬汁分裝不同餐具吃法。我在洋食館所點餐食係正規咖喱飯，但一般常見「飯咖喱」卻在二次世界大戰之後也被俗稱咖喱飯，並在1964年在東京第一次舉辦奧運會期間，被與盒裝面紙同時以現代化商品的形象刻意行銷，終成「國民食」。

日式咖喱飯很有故事性，但這個故事能不能繼續說下去呢？東京正積極準備2020年奧運，這幾年日本也極力推廣本地葡萄酒，此行嘗到日本以原生葡萄「行者の水」與國際品種梅洛（Merlot）雜交育種而得「富士の夢」紅葡萄，與「行者の水」與國際品種薏絲玲（Riesling）混種的「北天の雫」白葡萄，兩者調配釀製的粉紅氣泡酒，頗有趣味，拿來搭配咖喱飯，說不定有些新意？

咖喱傳奇

咖喱被公認為東亞特色香料，也被相信源自印度，殆無疑義。1964年東京奧運期間日本商社推廣日式咖喱飯，有廣告自豪宣稱：「連印度人也驚豔的新型咖喱飯，好吃。」——連把咖喱飯視為「洋食」、從英式咖喱成功改良為和風口味的日本人，都承認印度乃咖喱原鄉。

但許多飲食史研究者，包括台灣出版的《食貨誌》（2016）作者鄧士瑋都以史料證據告訴我們，一直到蒙兀兒帝國（Mughal Empire, 1526-1858）中期之前，印度全境沒有任何一種食材名為「咖喱」，咖喱係帝國晚期才被殖民者創造出來的。

蒙兀兒帝國是成吉思汗後裔自阿富汗南下入侵印度建立之帝國。Mughal即波斯語Mongol（蒙古）一詞之轉音。帝國第五代皇帝沙賈汗（Shah Jahan）在位為全盛時期，領土幾乎囊括整片印度次大陸，以及中亞阿富汗等地。

盛極而衰，沙賈汗之後帝國勢力開始滑落，大英帝國、法蘭西王國、荷蘭共和國和葡萄牙帝國等國殖民者入侵，瓜分印度。這些外國人很快發現了印度香料的妙用，並融入本國菜式，譬如有名的澳門葡萄牙料理「葡國雞」（Galinha à Portuguesa），基本上就是咖喱雞。這些外來殖民者同時彼此爭戰，最終大英帝國勝利，控制了印度次大陸，蒙兀兒帝國皇帝淪為傀儡。1858年，英國維多利亞女王被授予印度女皇稱號，蒙兀兒帝國正式滅亡。

葡萄牙人從印度人那兒學會了香料燉雞，但真正取得巨大勝利的卻是英屬東印度公司，他們把精采印度香料變成全球化的熱賣商品。

1784 年，倫敦《早晨郵報》（The Morning Post）上出現一則印度咖喱粉（Curry Powder）廣告，這是英國本土首度出現的新名詞，標榜用咖喱粉就能做出印度咖喱料理，這同時是咖喱這個名詞第一次出現在世人面前。

根據考證，Curry 這個字應該是源自於印度南部坦米爾語的 Kari，原意是燉菜醬汁。而印度區域大部分語言中，多是以 Masala 來稱呼複合香料粉。Masala 其實並無固定配方，印度家庭大都是買一堆各式香料收藏備用，做菜時廚師覺得這個菜色應該搭配哪幾種香料？就自個兒當場調配出 Masala，然後以現做獨一無二的 Masala 烹煮菜餚。

那麼十八世紀英國商人販賣的咖喱粉到底是什麼呢？很可能是印度香料店最常見的基礎綜合香料 Garam Masala，「辣味香料粉」，大致係以薑、茴香、薑黃搭配胡椒、肉桂、荳蔻、辣椒粉構成，偶爾還加入「咖喱樹葉」（Curry leaf，學名 Murraya koenigii）與其他南亞特產香料。不過，英式咖喱粉配方中很反諷地並沒有咖喱樹葉，典型「咖喱粉中無咖喱」。

咖喱粉隨著日不落國商人的腳步傳遍世界，咖喱料理也因此方式傳播到世界各地。經過在地轉化，有了日式咖喱、泰式咖喱、馬來西亞咖喱，德國 Currywurst（咖喱香腸），香港的咖喱魚蛋、咖喱牛腩及咖喱魷魚也頗受歡迎，台灣還有咖喱豬血湯。這些始料未及「連印度人也驚豔的新型咖哩」多樣化發展，英國人委實「功不可沒」。

料理蕭何紅蔥頭

周遭台灣朋友都深信紅蔥頭是非常非常台灣的香料，以至於當我偶爾描述法國紅蔥頭美妙滋味時，幾乎每個人都認為我在胡扯。

紅蔥（拉丁學名 Allium ascalonicum）係石蒜科蔥屬多年生草本鱗莖植物。紡錘狀鱗莖表面有紫紅色薄膜，裡肉淡紫白色可食；長出的青蔥則被視為香料蔬菜，一月蔥二月韭，台灣現在正是發芽季節，大約農曆年後盛產。青蔥名曰珠蔥、細香蔥；鱗莖則被喚作紅蔥頭，又稱火蔥、大頭蔥；紅蔥頭油炸爆香，台灣稱之「油蔥酥」。

其實紅蔥頭原產地是西亞緊鄰地中海的巴勒斯坦地區，據說十字軍東征將其帶到歐洲，法國、荷蘭成為主要產地，後來才再經由絲路傳至東亞。從傳播路徑來看，法國人的確比台灣人更早認識這款食材。

法文紅蔥頭作 échalote，有一句俗語 course à l'échalote（紅蔥頭賽跑），形容能搶在其他人之前將紅蔥頭鱗莖種下，就能提早收穫。法國導演克勞德．茨迪（Claude Zidi）一部 1975 年推出的喜劇電影，即以 Course à l'échalote 為名。這部片台灣、香港皆未上映，恐怕知道的人不多。不過沒關係，女主角是英國名演員與歌手珍．柏金（Jane Birkin），法國奢侈品牌愛馬仕產品中鼎鼎大名柏金包就是以她命名，能請到大排明星演戲，一定是部大片——珍．柏金可說是《Course à l'échalote》電影的紅蔥頭，辛香夠勁，更能提味加值。

台灣作家焦桐曾讚譽：「紅蔥頭生吃熟食皆宜，可謂料理中的蕭何。」這句話不知道是褒是貶？焦桐原意應是褒，他說：紅蔥頭「是料理中的最佳配角，從不強出頭，主要任務是提升食物香氣，其為用大矣，幾乎可運用於各種烹調工法，舉凡蒸、炒、煮、炸、焗、滷、燜、拌、烙、熗皆無不可，如炒肉、焗排骨、羹湯、拌麵、燜肉，燙地瓜葉，都可見其身影。」

然而，我反射性地聯想到漢初三大名將之一韓信死前之感嘆：「成也蕭何，敗也蕭何。」這兩句警語應用在紅蔥頭似乎也通，因為紅蔥頭太好用了，不小心就會被濫用，尤其是油蔥酥，簡直就是天然味精，這道菜也灑一點，那道菜也灑一點，味道固然都提昇了，更香、更誘人了，但彼此也更像，面目模糊了，一桌菜吃來像一道菜，「躲進小樓成一統」，失去各種食材微妙的獨特性，卻非常可惜。

紅蔥頭濫用，反成「搶味」。若是隨意小吃，突顯特色，搶味倒也無妨；用在高級精緻料理，一「搶」就膚淺，就不深刻，竟可能淪落孔夫子指責「奪朱之紫」、「亂雅樂之鄭聲」窘境。

《史記》記載，漢高祖曾以狩獵評論攻城掠地眾武將與後帳軍師蕭何之別：「夫獵，追殺獸兔者狗也，而發蹤指示獸處者人也。今諸君徒能得走獸耳，功狗也；至如蕭何，發蹤指示，功人也。」

不過生活不全是狩獵戰場，台灣在法國都一樣——最珍貴之美其實是毋需爆香的純淨。油蔥酥太搶、太心機，反不如清炒細香珠蔥？

The Mascot 迎新年

農曆新年歲次戊戌。地支戌是土，天干戊是狗，土應黃色，因此2018年亦可稱作「黃狗年」或「土狗年」。另一方面，戊是陽土，戌亦是陽土，2018年開門見山，並且還是兩座沉甸甸乾旱大山，有受阻之象。我不禁聯想張愛玲在《秧歌》（1955）開頭形容貧瘠山村落日景致的句子：「太陽像一條黃狗攔街躺著。」

黃狗攔路，並非吉兆；何況黃、土相映，土上加土，惟恐過盛。土過則囚木、死水、休火、相金，相生之道在於「土能生金」，土太滿宜以金洩之，金應白色，2018年好兆頭應該是頭大白狗。

有沒有以白狗為標的葡萄酒？有，而且是好酒，我挑了美國加州名酒 The Mascot 迎接新年。

The Mascot 是加州納帕谷地哈蘭酒莊（Harlan Estate）旗下的一個品牌。對葡萄酒有點熱情、願意關注的人應該都認識哈蘭酒莊這座偉大酒莊，英國酒評家簡西絲・羅賓遜（Jancis Robinson）曾譽其為「二十世紀最好的十款葡萄酒之一」，側身美國「膜拜酒」（Cult Wine）之列。英國葡萄酒搜尋引擎 Wine Searcher 於2016年底發布的資料說，哈蘭酒莊正牌酒一瓶均價是821美金，昂貴得真是只能拿來膜拜。正牌難得捨不得喝，只好品嘗所謂的「年輕獨特」品牌。

不過這個品牌的名字取得好，Mascot係「吉祥物」、「福神」之意，據說是由法文 mascotte 轉化而來，而法文最早的意思是善良女巫，或女巫戴的護身符。法國劇作家艾德蒙．奧德朗（Edmond Audran, 1840-1901）1880 年曾發表一齣輕歌劇《La mascotte》，廣受歡迎，這個討喜的新名詞也因此流傳起來。

The Mascot 葡萄酒之酒標的確是頭雄赳赳大白狗。但有趣的是，酒標上的狗並非 Harlan Estate 家族寵物，而是美國匹茲堡農民存款國家銀行（Farmers Deposit National Bank of Pittsburgh）總裁愛犬，名為「王子」（Prince），這位總裁甚至把自家狗兒印在銀行股票憑證上，因此王子可能是身價最高的狗。狗酒標居然是從狗股票轉化而來？果然「狗來富」、「犬旺財」說法東西皆然。

The Mascot 是一款典型法國波爾多調配風格的葡萄酒。其實「波爾多風格」在某種意義上是英國風格，而且是由卡本內．蘇維儂、梅洛、卡本內．佛朗克混釀，偶爾以極少量小維多（Petit Verdot）創造更多層次變化，以「做」出最佳效果的高度人為介入風格。而酒標上的「王子」名犬係美國鬥牛梗（American Pit Bull Terrier），原產於英國，係鬥牛犬與梗犬交配培育而成——酒與狗某些深沉的共通之處，似可一邊品嘗一邊深思琢磨。

值得琢磨的還有 The Mascot 的本質。莊主威廉．哈蘭（H. William Harlan，暱稱 Bill，似同中華傳統文化裡的「表字」，就像比爾．蓋茲一樣表字廣為人知，本名反而隱沒於世，「以字行」，大多文獻稱他比爾．哈蘭）1984 年從一位房地產商轉行釀酒時，最先創建的酒莊是哈蘭酒莊，在二十世紀結束前又陸續在加州建立龐德酒莊（Bond Estate）與普羅蒙特瑞酒莊（Promontory），各有風格。酒莊的正牌酒後來都得享大名，價格也水漲船高，故而推出了二軍（Second Wine）新品牌。哈蘭酒莊二軍酒是 The Maiden，龐德酒莊的二軍酒款則是 Matriarch。

所謂「二軍」，是因為一般認為葡萄樹到了二十歲左右，木質化樹幹已經長成，抗病能力較佳，果實濃郁飽滿，才真正到達成熟巔峰期。若採收葡萄來自較年輕低於二十歲的葡萄樹，品質尚未符合一軍之嚴格標準，即須暫居二軍板凳，等待成長、未來升級。

The Mascot 卻更獨特，獨特之處在於跨界：它係由哈蘭、龐德、普羅蒙特瑞三座酒莊較為年輕的葡萄所釀成，原料並非來自單一酒莊，所以這款酒款非屬任何一座酒莊之二軍酒，而是一個獨立酒款，一個獨立新品牌。

在重視純正血統的葡萄酒世界裡，這樣的做法是很罕見的，但也因為很難定義，不畏年輕的 The Mascot 遲至 2008 年才被推出市場。

平心而論，年輕、跨界、「很難定義」，甚至「未臻完美」，有時也是一件好事。「登峰之後，就是下坡」，而「像早上七、八點鐘太陽」The Mascot 年輕獨特的葡萄酒，意味着樂觀包容，開放無懼，仍往高處走，還在上坡，依然有很多成長空間，有許多值得期待的可能性。2018 戊戌開門見山，且以加州好酒 The Mascot 迎接新年。

狗臉的歲月

大家都說狗是人類最好的朋友，故以狗作為酒標主題的葡萄酒並不罕見。戊戌狗年過新年，想到一句法國俗諺：「即使一條狗也能好好端詳一位主教。」（Un chien regarde bien un évêque）好酒人人都可品嘗，豈能因價格止步，我推薦一款平價好酒：葡萄牙 DFJ Paxis Red Blend。

美國《葡萄酒愛好者》（Wine Enthusiast）雜誌 2016 全球百大葡萄酒評選中，DFJ Paxis Red Blend 2013 排位第五，名列前茅。惹人矚目的是，酒標赫然係一頭前足趴搭半睡半醒露出可愛狗臉的英國牛頭犬（British Bulldog），台灣酒商賜名為「趴趴狗紅酒」。

據說這款酒緣起，是 DFJ 酒莊合夥人之一迪諾．維都拉（Dino Ventura）某天看到兒子與其他小朋友們玩英國傳統童戲「鬥犬追逐」（英文名為 British Bulldog），其中一名小孩累了想休息一會兒，於是高喊 Paxis（拉丁文 Peace 和平之意）暫停。他為呼應現代人的忙碌與渴望休息，於是以 Paxis 這個字在 1998 年設計了一系列酒款。Bulldog 趴趴狗這款酒，是 Paxis 系列中最特別而且是唯一的混釀葡萄酒，採用葡萄牙三種原生葡萄品種 Tinta Roriz、Touriga Franca 及 Touriga Nacional 釀造而成。

混釀？這是典型波爾多風格，而很多人認為與其說波爾多是法國，毋寧更接近英國，而且是英國商人為了便於行銷全世界而精心「調配」創造出來的一種風格。而具有笨拙可愛外表和溫和性情，活動量不高，適合飼養在都市公寓的英國牛頭犬，則是英國人經過數世紀近親交配刻意育種，終於得到的理想寵物。

然而，英國牛頭犬經過數百年來的篩選、育種，產生許多不可避免的健康問題。這種長相獨特一眼就可辨識的寵物最明顯特徵是寬臉和短吻，導致呼吸道易罹疾病，這是它們一系列健康問題之主因，例如耐力不夠、睡眠打鼾、難耐高溫環境等等。另外，鬥牛犬臉部皺褶不易清理，也很容易發生皮膚病變。

我想到美國作家約翰・霍曼斯（John Homans）於 2013 年出版的反省之作《狗：狗與人之間的社會學，從歷史、科學、哲學、政治看狗性與人性》（What's a Dog For?: The Surprising History, Science, Philosophy, and Politics of Man's Best Friend）。我們真心愛狗嗎？為什麼不能讓狗自然發展，而一定要它們扭曲長成我們想要的樣子，並因此受苦？約翰・霍曼斯提醒，也許我們該重新檢視人犬關係，開放想像狗的定義，譬如，不再強調純種，讓多樣化繁殖帶來健康改善的可能性？

回到葡萄酒。葡萄酒可以是自然的飲料，但並非所有葡萄酒都如我們想像的那麼「自然」。加糖提高酒精度，加酒石酸提升酸味，以人工育種酵母菌進行發酵，添入加色劑，混入萃取單寧來改造風味的作法，可謂司空見慣。而高級酒使用逆滲透濃縮和微氧化催熟之處理也趨常見。這些添加物或技術，一方面讓葡萄酒失去原產風土的自然風味，卻能讓酒變得更討喜，或者，更能獲得酒評青睞與高分評價。

新的一年，那些為了更討人喜歡與獲得更高分數而扭曲自然的歷史，有沒有機會改變？啜一口 DFJ Paxis Red Blend 2013，想起 1985 年老電影《My Life as a Dog》（台灣譯為「狗臉的歲月」），居然有了回歸自然的新年願望。

隨遇而安土狗酒

狗是單純、忠實、樂天而有靈性的動物。戊戌係土狗年，講究接地氣，而飲料中葡萄酒最能反映風土，頗有靈性，並且似乎竟是天地靈氣所鍾。法國二十世紀最重要女性作家之一柯蕾特（Sidonie-Gabrielle Colette, 1873-1954）即曾寫道：「葡萄樹與葡萄酒都是偉大的神秘事物。在可食用果菜當中，只有葡萄樹能清晰地呈現土地的真正味道。這是何等忠實的傳譯。……它獲悉土地的秘密，並憑藉葡萄果實來表達。」

其實土地的秘密很簡單，土生金，金的哲學本質為「義」。「義」者從「羊」，善也；從「我」，近也；講白了就是愛有等差，只對自己好的親近之人好，就像土狗，自己人、外人可分得清楚的很——在我看來，要找本質像土狗，又能應景貼有狗酒標的葡萄酒，不妨到南歐家族意識濃厚的地中海沿岸產區尋覓。

譬如法國南部隆格多克（Languedoc）區 Boutinot 酒莊的 Longue-dog。這個品牌利用 Languedoc 地名與 longue-dog 法文形容詞與英文名詞結合的諧音，以可愛臘腸狗為酒標主題，令人會心一笑。Longue-dog 有紅酒、白酒、粉紅酒三款，紅酒以希哈（Syrah）、格納希（Grenache）兩種紅葡萄混釀，雖是本地傳統作法，但仍略嫌複雜；白葡萄酒來自夏多內（Chardonnay），總覺得太國際化，少了點鄉土氣；還是粉紅酒好。Longue-dog Rosé 以希哈單一品種釀成，艷麗的鮭魚橘紅，從顏色、香氣到味道，都令人想起新鮮大顆草莓。有一點刻意討好的濃郁果香，以及保存紅酒結構卻不顯沉重之口感，讓人放鬆，如同跟家人一樣的愛犬相處。

還有西班牙西北部 Rias Baixas 產區 Paco and Lola 酒莊以單一阿爾巴利諾（Albarino）葡萄釀成的 Lolo 白酒，酒色清亮金黃，洋溢青蘋果、葡萄柚、香橙以及細緻薰衣草香氣，口感圓潤並帶有明快宜人的酸度，就像酒標上逗趣小狗般自然活潑。

當然不能錯過義大利酒。我推薦北部皮埃蒙特–阿爾巴（Piedmont-Alba）產區以追逐飛鳥躍起之狗為標，單一品種多切托（Dolcetto）葡萄釀成的 Vietti Dolcetto d'Alba Tre vigne。這是一款酒洋溢黑色水果如成熟櫻桃、黑莓、黑醋栗芳香，酸中微甜，開朗直接，不鏽鋼桶發酵，未經橡木桶「修飾」的葡萄酒，係義大利人每日飲用的佐餐酒，也是一款容易理解與接受的紅酒。

皮埃蒙特–阿爾巴是義大利美食地圖上的鑽石。常居人口只有三萬人的阿爾巴是皮埃蒙特區中南部的富裕小鎮，古老而精緻，建城已達 2700 年，因附近丘陵區盛產極稀有珍貴，美味且價逾黃金的頂級白松露，被譽為松露首都。

產區內的 Bosio 酒莊，以莊主心愛夥伴、這個地區赫赫有名專長嗅找松露的靈犬 Leda 為酒標，生產一系列名為 Truffle Hunter（松露獵者）的酒款。例如以單一品種蜜思嘉（Moscato）葡萄釀成的 Truffle Hunter Leda Moscato d'Asti 微氣泡甜酒，淺稻草金黃，氣泡細緻綿密。甜美並散發梔子花香以及熱帶果香，就像示好的搖擺狗尾巴。

眾所周知，阿爾巴周圍丘陵區是全球內比奧羅（Nebbiolo）紅葡萄的聖殿，全義大利最耐久的偉大紅酒巴羅洛（Barolo）就產自阿爾巴城南坡地。我們甚至可以說，即使沒有白松露，阿爾巴依然是片迷人酒鄉。Truffle Hunter Leda Nebbiolo d'Alba 展現深紅寶石色澤，帶有紫羅蘭花香，單寧紮實，櫻桃莓果的酸度與果感，酒體適中，並具一定陳年實力，就像值得永遠信任的忠犬。

南歐地中海沿岸的狗標葡萄酒，輕鬆適性，隨遇而安，似乎正是我們面對戊戌土狗新年的最佳心態。

刈菜菠稜過好年

過年期間大魚大肉吃多了，偶爾需要一些清淡蔬菜換換口味，讓腸胃休息一下，也補充必需的膳食纖維與維生素。尤其應該多吃點綠葉蔬菜——有越來越多證據顯示，綠葉蔬菜是我們隨手可得食物之中營養價值最高者。台灣傳統習俗過年就要吃綠葉「長年菜」。

「長年菜」，又稱「過年菜」、「隔年菜」，除夕圍爐年夜飯時即該端上桌，很多家庭連幾天吃到正月初五「隔開」，也有些餐桌長年菜持續出現的時間更長，直到正月十五，長長久久好兆頭。有趣的是，台灣長年菜其實有兩種，一是芥菜，一是菠菜，南北並不一樣。

粗略地分，基隆以南至嘉義，以及東部的宜蘭、花蓮、台東，長年菜是芥菜；而台南以南到高雄、屏東，還有離島金門，長年菜則是菠菜。

芥菜應景。本地農民在稻田秋收、春耕前，抓緊農地空檔種植蔬菜，絕不浪費半分地力，此時生長速度快、葉大厚實的芥菜乃最佳菜種。農曆年節前所採收的芥菜，係長年菜首選。芥菜台語稱「刈菜」，客家話則喚「大菜」，剛採下的新鮮芥菜，最常見料理是刈菜雞湯，起初略帶點苦味，回鍋愈煮愈甜，象徵人生苦盡甘來。另也可加薑絲快炒或汆燙沾桔醬吃，還可大量醃製成客家酸菜、福菜及梅干菜延長保存期，是客家人的最愛。所以即使台灣南部的客家人，長年菜也還是芥菜。

因為是芥菜在台灣是秋末冬季搶種搶收之蔬菜，別的時候反而不容易看到，有一句台語俗諺「六月刈菜假有心」，意指六月時節根本沒有芥菜可食，顯然隨口說說毫無誠意。

菠菜在台灣則四季可見，但因性喜冷涼，冬天算是盛產季節，同樣應景。菠菜台語稱「菠稜仔」，「菠稜」二字，保留了古漢語對這種外來蔬菜之音譯。

連橫（1878-1936）的《臺灣通史》農業志說：「菠稜：種出西域頗陵國，誤為菠稜，或稱赤根菜，台南謂之長年菜，以度歲須食之也。」

而台灣《安平縣雜記》則說：「隔年菜以菠稜菜為之，一根而已，不折斷，名曰長年菜，過年每人須食一根。」

菠菜個頭比起芥菜相對小了許多，所以整株連根帶葉一起蒸煮，食用也整株吃不切斷，取其連綿不絕之意。還有人會特別選紅根菠菜（即古稱「赤根菜」），沾點大紅喜氣，魯迅說這是皇帝吃的菜，有個漂亮名字「紅嘴綠鸚哥」。

至於「頗陵國」之名，宋代文人嚴有翼《藝苑雌黃》記述：「蔬品有頗陵者，昔人自頗陵國將其子來，因以為名。今俗乃從草而為菠稜。」根據《蚵仔煎的身世：台灣食物名小考》（2016）作者曹銘宗之考證，大約西元七世紀，菠菜從中亞或西亞原產地，可能就是當時的波斯，經由絲綢之路上的尼泊爾傳入中國。菠菜的波斯語發音spanakh，尼泊爾語發音 palunggo，英語 spinach，彼此之間有著語源關係。由此來看，菠菜的尼泊爾名字 palunggo 很可能被中文世界音譯成「頗陵國」，之後卻以訛傳訛誤以為是一個國家了。

古代的誤會現在理解起來，多了幾分歷史趣味。長年菜或芥或菠，或刈菜或菠薐仔，多吃綠葉蔬菜，健康過好年。

夏目漱石

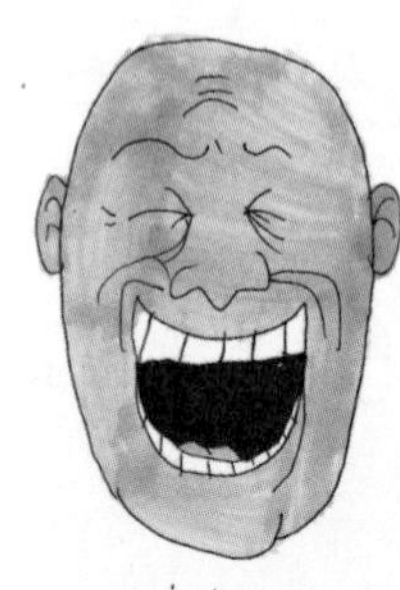

MIJUN

鲁迅

GUSTON
杜牧
Redon
孟浩然

二魚文化　文學花園　C 144

不接地氣：巴黎台北兩地飲食記

作　　者　楊子葆
繪　　者　楊允城
特約編輯　董秉哲
美術設計　萬亞雰

出 版 者　二魚文化事業有限公司
發 行 人　葉　　珊
地　　址　116 臺北市文山區興隆路四段 165 巷 61 號 6 樓
網　　址　www.2-fishes.com
電　　話　02 · 2937 · 3288
傳　　眞　02 · 2234 · 1388
郵政劃撥帳號　19625599
劃撥戶名　二魚文化事業有限公司
法律顧問　北辰著作權事務所、林鈺雄律師事務所

總 經 銷　黎銘圖書有限公司
電　　話　02 · 8990 · 2588
傳　　眞　02 · 2290 · 1658

製版印刷　彩達印刷有限公司
初版一刷　二〇一八年四月
I S B N　978 · 986 · 5813 · 93 · 2
定　　價　300 元

國家圖書館出版品預行編目（CIP）資料

不接地氣：巴黎台北兩地飲食記 / 楊子葆 著
──初版──臺北市：二魚文化，2017.04
224 面；14.8×21 公分（文學花園；C144）
ISBN 978-986-5813-93-2（平裝）
1. 飲食　2. 文化　3. 文集
538.707　107003517

不接地氣

巴黎台北兩地飲食記

二魚文化